奧之細道：

芭蕉之奧羽北陸行腳

松尾芭蕉／著
鄭清茂／譯注
莊　因／繪圖

松尾芭蕉先生造象
百般情景如鮫人泣淚綴爲珠
玉文章此其旅途使然耶抑其
器識致之歟有斯人而有斯文唯
弱如扶病雙眉泛霜良可悲嘆也

作者畫像

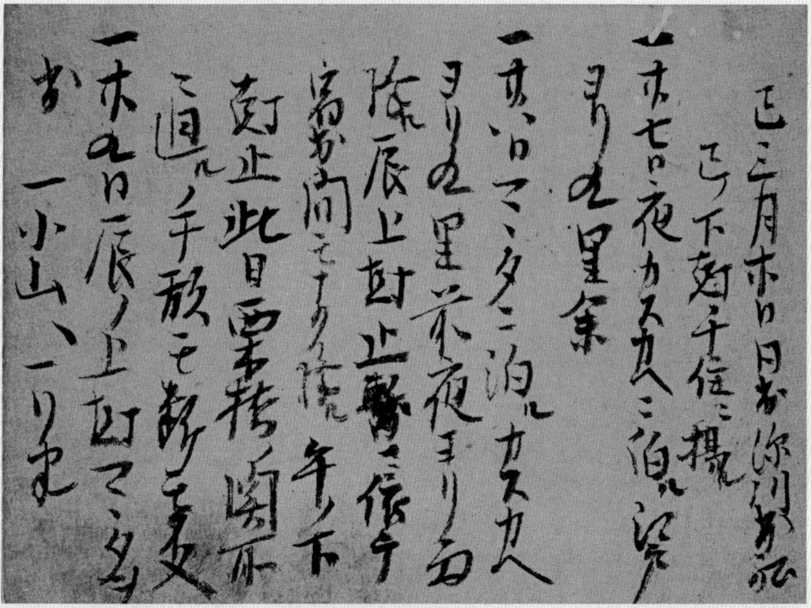

《奧之細道曾良隨行日記》，河合曾良著（元祿4年〔1691〕，日本天理大學附屬天理圖書館藏）

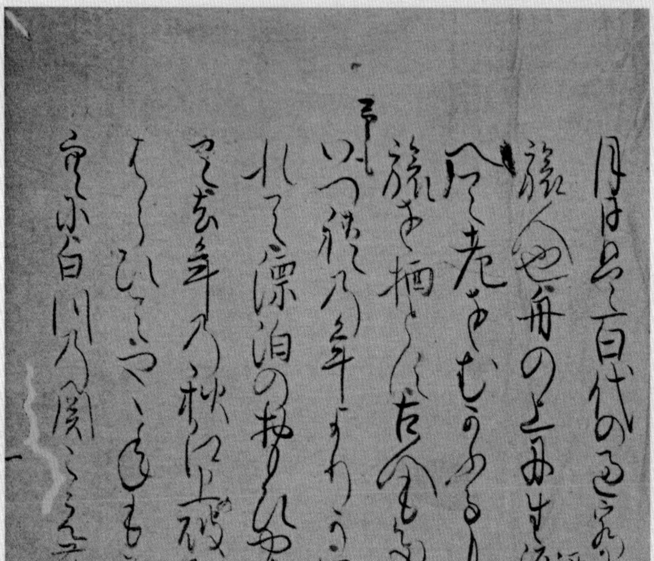

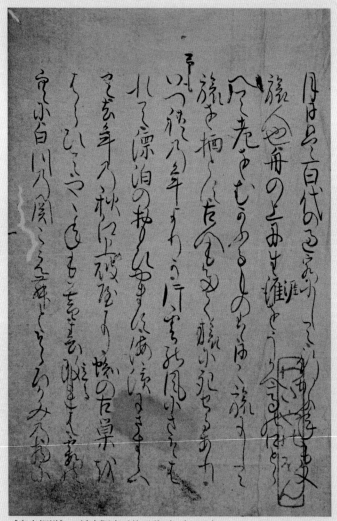

《奧之細道》，曾良版本（約元祿6年〔1693〕，
日本天理大學附屬天理圖書館藏）

《奧之細道行腳之圖》，森川許六畫，(元祿6年〔1693〕，日本天理大學附屬天理圖書館藏)

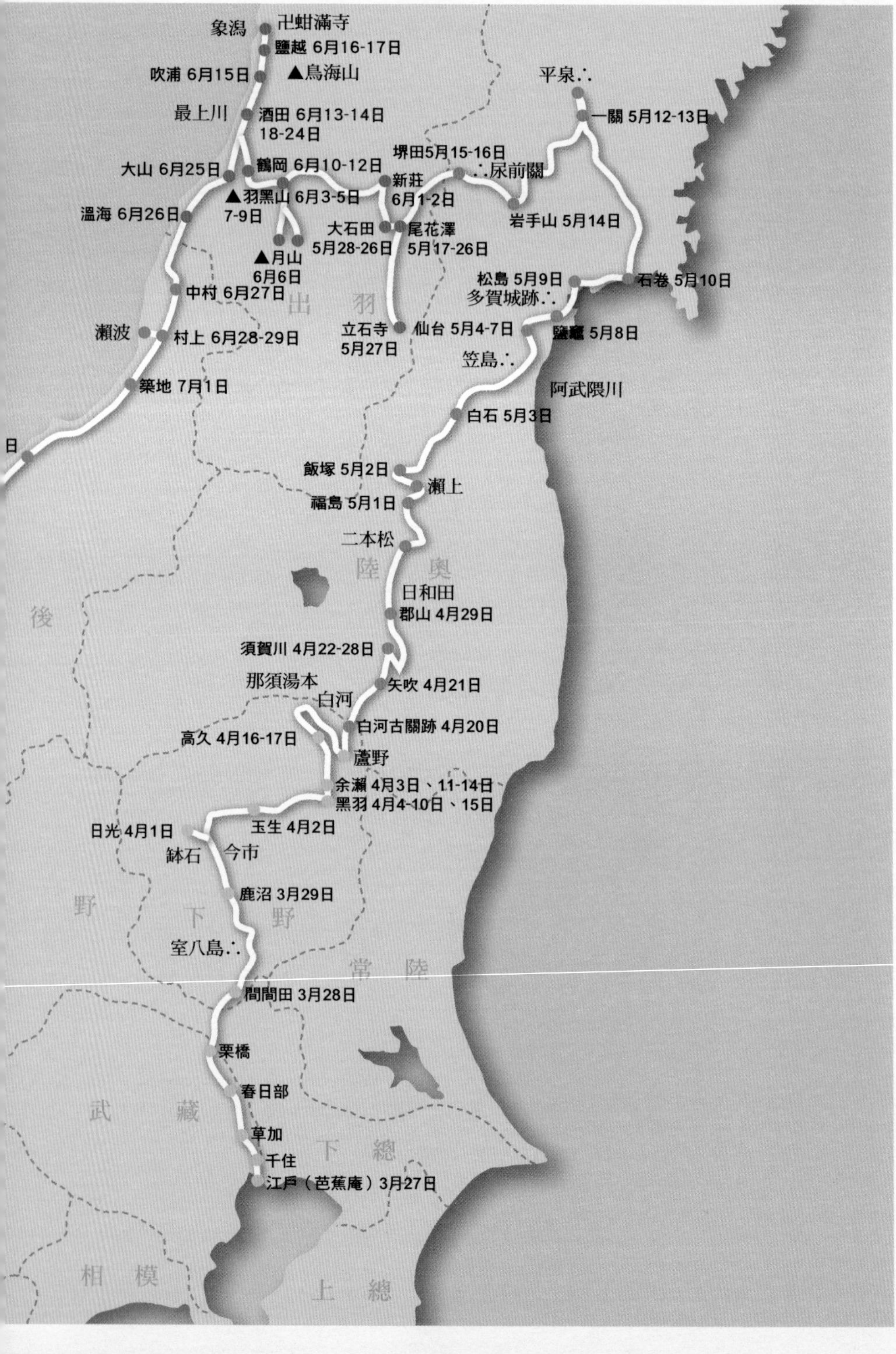

象潟
卍蚶滿寺
鹽越 6月16-17日
吹浦 6月15日
▲鳥海山
平泉∴
一關 5月12-13日
最上川
酒田 6月13-14日
18-24日
堺田5月15-16日
大山 6月25日
鶴岡 6月10-12日
∴尿前關
新莊
6月1-2日
▲羽黑山 6月3-5日
7-9日
溫海 6月26日
岩手山 5月14日
大石田
5月28-26日
尾花澤
5月17-26日
▲月山
6月6日
松島 5月9日
石巻 5月10日
多賀城跡∴
中村 6月27日
出
羽
瀨波
村上 6月28-29日
立石寺
5月27日
仙台 5月4-7日
鹽竈 5月8日
笠島∴
築地 7月1日
阿武隈川
白石 5月3日
日
飯塚 5月2日
瀨上
福島 5月1日
二本松
陸
奥
日和田
後
郡山 4月29日
須賀川 4月22-28日
那須湯本
矢吹 4月21日
白河
白河古關跡 4月20日
高久 4月16-17日
蘆野
余瀨 4月3日、11-14日
黑羽 4月4-10日、15日
日光 4月1日
玉生 4月2日
鉢石
今市
鹿沼 3月29日
野
下
野
室八島∴
常
陸
間間田 3月28日
栗橋
春日部
武
藏
草加
下
總
千住
江戶（芭蕉庵）3月27日
相
模
上
總

奧之細道旅程圖

日光路　奧州路　出羽路　北陸路

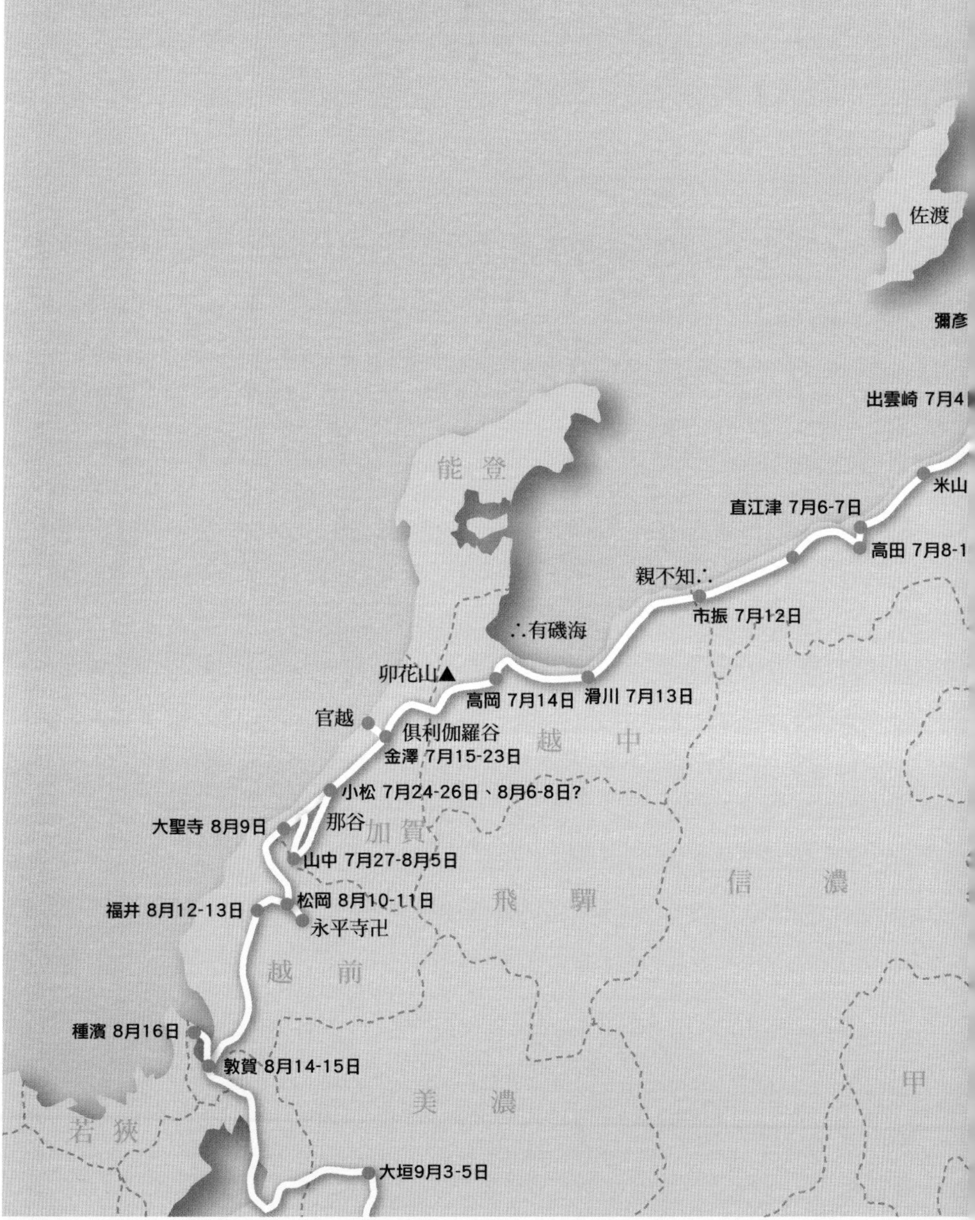

晚晴

——推介鄭清茂譯日本古典文學名著《奧之細道》

莊因

今夏，老友鄭清茂教授自台來信，稱說近期已完成松尾芭蕉先生十七世紀所著日本古典文學名著《奧之細道》一書之迻譯，刻交聯經出版公司出版，囑我為其譯本配圖插畫。此等工作理當由專業朋友充任，然師兄寵愛，既已降旨，不敢有違。

對於繪事，自幼受故宮文物長期薰染，及長，復因三弟莊喆從事繪畫藝術，經其介紹解說，對西方繪藝的流風淵源略有所悉；再加上我個人對中國近代水墨漫畫大家豐子愷先生的偏愛，無師指點，有意無意間竟也抓起毛筆，以童子舞耍大刀的蠻勇大膽揮灑起來了。台灣純文學出版社當年為我出了一冊《莊因詩畫》（後經三民書局再版發行），算是偶留指爪。而今人在古稀之年，因緣得與師兄名具一書，留傳後世，正乃向素所願。於是便欣喜厚顏遵旨領命了。

清茂是我台大中文系同門師兄。上世紀一九六〇年代，他在柏克萊加州大學執教的時候，我自澳（洲）遷美，任教於金山海灣南部的史丹福大學。當時尚未婚，人地生疏，客中寂寞難忍，便幾乎每個周末不請自至，開車去柏城會見一批台大舊識而刻在加大攻讀的朋友，當然也就常去鄭府騷擾了。未料清茂師兄與秋鴻大嫂非但全然不以為意，竟對我惻隱關愛，索性給了我這個不速之客一把家門鑰匙，著我進出自由。

每次在鄭府歇腳，最感舒爽也最令人安逸著迷的時光，當屬在晚飯之後，一壺清茶，秋鴻大嫂打開唱機，播放日本當時名歌星青江美奈及五木的如怨如慕、如泣如訴、稍嫌沙澀的歌曲；而清茂師兄於斯時燃上一根香菸，開始徐徐講述日本文學史及史上知名人物的古今掌故及軼事來。冬夜寒雨扣窗，秋鴻大嫂更會煮酒供清談助興。在烟霧繚繞，酒意漫升，歌聲撫耳的氣氛下，似乎都可聽見心潮滌盪，與太平洋上波濤洶湧拍叩的聲音了。蘇東坡在〈前赤壁賦〉中有「白露橫江，水光接天。縱一葦之所如，凌萬頃之茫然。浩浩乎如馮虛御風而不知其所止，飄飄乎如遺世獨立，羽化而登仙」之句，當時我的感受正復如此。家國兩忘，寂寞全消。

這都是四十餘年前壯年期的往事記憶了。

一九七〇年代上半期，我完婚。在加大攻讀的那一批舊識友好，於學成後星散各奔西東，清茂師兄終也轉往東岸教學。那時他每自麻州返台，來去都道經金山，且多在酒蟹居小事盤桓數日。晚飯後，入夜人靜，燈下清茶一壺一似當年，師兄雖已戒菸，然則清雅依舊，談說亦依舊。所不同於當年柏城之時者，是他髮已轉白，且隨流光漸然脫落。歲月悠悠，看來卻益發清潤、雍泰、安和了。

一九九六年，花甲之期的師兄自麻州大學提前退休，接聘花蓮東華大學，攜妻返台定居。七年後，他正式告老，離杏壇而棲隱桃園。畢生清淡雅和的他，此時意定神閒，和枯淡而安寂寞，在家讀書養生，晚境越發予人清而茂之感。遊樂沉浸於滿室私藏中、日文書庫中，俳諧風雅，怡然自得。時推日累，終於完成了《奧之細道》一書的迻譯。

松尾芭蕉氏此書，為奧羽北路行腳記遊。俳文精簡古雅。此書之一般中譯，若非有蘊深厚豐的日文基礎、浸煉的中國舊學給養，以及個人的清品茂才及淡雅有約的生活風格，恐怕是難於掌控得恰如其分的。《奧之細道》一書，雖早有鄭民欽等人譯本，但皆不及師兄今譯之完備詳實。清茂師兄之譯本，最可貴者是他掰開揉碎，再為重新組合之大手筆，沒有十分的功力絕難臻成。他的譯本，我願擇要引說推介如下：

①譯注、評釋、及專著參考文獻，多達九種以上。

②主要參考文獻，凡屬作者松尾芭蕉本人之作品以及相關之研究，多達十三種。

③鄭清茂譯本中注譯部分所引用之和歌、漢詩、故實之類，為數浩繁。但譯者均在相關注

解中一一明示出處。

④師兄譯本所具文本，以尾形仂氏之《おくのほそ道評譯》一書為本。蓋尾形仂氏之評釋本，於口譯、語譯、及解說諸方面，最稱詳盡。

⑤書中附有芭蕉先生年表及其奧之細道旅程全圖。

有前述如此完備條件充任譯者，師兄自是前無古人，無所多讓了。對喜好日本文學的人士來說，實在是他們的大福善緣。而譯者掌握文字的功力段數，譯筆的清、雅、淡、和，我相信讀者於讀後必會言說我之所言非子虛。

師兄清茂的文筆，別的不說，僅就他在大學就讀期間（一九五二—一九五九）所譯日本紅極一時的女小說家原田康子的成名作《輓歌》（一九五八）來看，我們就會有長足的印象。他的譯筆，清而茂，正為他的名字作了最親切真實的說明。我那時也在台大就讀，於《輓歌》在當時台灣第一大報《聯合報》副刊連載期間，幾乎風雨無阻每晚在總圖書館大閱覽室中自習時，都會抽空下樓，在閱報室站著跟別人搶看細讀。中毒之深，可以說是「飲鴆止渴」了。原田康子所代表的上世紀五〇年代日本現代文學介於純文學與普羅文學之間的所謂「中間文學」，筆力清新，文體美麗精練，而清茂師兄的譯筆恰如其分的傳出了這等神韻。師兄留學遊學國外的半世紀後重返家園，歲月、經驗與感受加在他老年的身上，回歸到古典文學的樂園，完全把他個人精神領域的探討自新回溯到舊，使其譯筆有常新而典雅的「中間」趣味，這是我要特別強調也要向讀者說明推薦的。

清茂、秋鴻兄嫂是我的長年摯友。他們情篤深而意縈瑩，相愛相投而不寵膩。如今大隱於桃園，我似乎在隔海之此岸，都可以清楚遙見兩人牽手、默然無語、並肩徜徉在「英英白雲，露彼菅茅」的晚晴秋野。不，那簡直就是漫步在奧之細道上的一雙人間仙侶。

（寄自加州山景城酒蟹居）

英英白雲露彼菅茅

——譯者序

松尾芭蕉（一六四四—一六九四）是世界聞名的俳句大家，享有「俳聖」之譽。他在日本文學史上地位之崇高，可比中國的「詩聖」杜甫。他的「俳諧紀行文」《奧之細道》，是日本文學中所謂「俳文」類的瑰寶。目前已有英、法等多種外文譯本，中國也出了兩三種版本。台灣雖有零星的相關研究或介紹，但好像還沒有完整的翻譯。倒是多年來經過媒體的報導加上旅遊業者的推銷，日本東北「奧之細道」之旅似乎已成熱門的國外觀光項目之一。

記得一九七二年十月間，我從美國到日本參加日本筆會主辦的「日本文化研究國際會議」，與來自台灣的老同學林文月教授不期而遇。異國逢故友，說天道地之餘，談到日本古典文學的譯介問題。我建議她翻譯《源氏物語》，她卻說：「那你來翻譯《平家物語》吧。」於是兩人「一言為定」。文月是言出必行的人，果不其然，她不但譯了長篇巨著《源氏物語》，而且從台灣大學中文系榮退之後僑居美國加州，還是意猶未盡，陸續譯出了《枕草子》、《和泉式部日記》、《伊勢物語》等古典名著。而我的《平家物語》呢？過了將近四十年後的今天，卻仍然無蹤無影。原因無他，生性疏懶，不可救藥故也。好在據我所知，中國在一九八〇年代「開放」之後，至少已有兩種漢譯本問世，所以當年覺得非譯不可的激情，也就有藉口淡然處之了。

一九九六年夏，我自美國麻州大學提前退休返台，應聘東華大學中文系，直至二〇〇三年二度退休為止，在花蓮足足度過了七個年頭。我出身嘉義民雄鄉牛斗山，年輕時私下偶吟「農家子弟也能文」，不知是自嘲還是自寬。東華位於花東縱谷北端的壽豐鄉志學村，山環水繞，蜿蜒起伏，與故鄉嘉南平原的一望無際恰成對照。猶憶在東華服務期間，尤其前兩三年，校園初闢，每到秋季，只見「英英白雲，露彼菅茅」。對著處處黃茅白穗，迎風搖曳，竟自聯想起《奧之細道》裡的一些景物與句文來，不免發了些思古之幽情。乃託正在東京大學留學的廖肇亨尋找幾本相關的書刊，沒想到他卻寄來了二十多冊。包括幾種當今通行的譯注評釋、江戶時代的古註古評、明治大正以來的論文彙編、不同出版社的芭蕉文集、句集、選集、事典或辭典，還有幾本專家的單行著作。忽然面對這麼多書，一時不知如何是好。之後，反正有空就看看這一本，翻翻那一冊，覺得《平家》之約既然失信了，何妨翻譯另一名著，就是這本短小精緻的《奧之細道》，也許可以稍解久來鬱集心中的愧疚之情。

然而我並未立刻動手，心想等退休之後再說吧。等到退休了，卻因健康關係又有了推遲的藉口。直到前年（二〇〇八）年初，有一天突然心血來潮，才認真地對著電腦坐下，開始動手打起鍵盤來。經過了兩年多，其間雖然時作時停，總算完成了《奧之細道》的漢譯與注釋的稿子，了卻了一樁懷之既久的心願，也留下了一段甘之如飴的記憶。

在此，我要特別感謝我的同學林文月。她對於我未能信守翻譯《平家》之約無疑是失望的，但當她知道我在翻譯《奧之細道》時，卻仍然那麼高興地表示關切與鼓勵。當她看到部分譯稿之後，還跟我討論俳文、俳句或和歌的漢譯體式及其韻律問題，提供了不少寶貴的意見與建議。我也要感謝現已任職中央研究院中國文哲研究所的廖肇亨博士，十幾年前他就在日本為我蒐集參考文獻。感謝台灣大學日本語文學系的朱秋而教授，多年來她常送我新刊的相關日文書籍，有時還替我複印難得的日文資料。感謝其他幾位老朋友，包括國家科學委員會人文處的魏念怡小姐。如果沒有他們一再的鼓動與催促，恐怕激發不了我翻譯此書的興趣。還有鄧怡菁小姐，感謝她為我這個「電腦文盲」解決了不少電腦操作上的「疑難雜症」。

關於譯本的插圖，首先必須感謝老朋友莊因兄。他雖然已自史坦福大學榮退，但退而不休，一直忙著他「書、畫、詩、文」的創作與整理計畫。他在百忙中，不但慨允騰出時間，創作了一系列的插圖，還為譯本題簽了書名。同時也要感謝現任灣大學日本語文學系的太田登教授，由於他的建議與協助，順利地取得了天理大學圖書館《開館六十周年記念展》目錄所載三張畫片（森川許六畫《奧之細道行腳之圖》、曾良本《奧之細道》與曾良自筆《奧之細道曾良隨行日記》）的「揭載許可」。他們兩位及時而熱心的幫忙，使譯本增光不少。

最後，我更要感謝我的牽手馮秋鴻。這兩年多來，她常看我一大早就坐在電腦前發呆。她當然知道我在寫東西，卻不知道我在寫什麼。她不叩，我不鳴。直到前年十月底吧，她從「日本東北之旅」歸來，我看著她在仙台郊外所拍「奥の細道」標識的照片，才主動告訴她其實我是在翻譯芭蕉的《奧之細道》。結褵近半個世紀，相伴餬口四方，由台灣而日本而美西而美東，而後葉落歸根。在這漫漫其修遠而無常的人生旅程中，她早已對我的金口弊舌見怪不怪，習以為常了。當她知道我已大致完成了此書的譯注時，雖然不說，但我知道她一定和我一樣也感到如釋重負。這兩年多來如果沒有她近乎沉默的關注與包涵，我想我是無法完全靜下心來追隨古人芭蕉，沉浸於俳諧風雅之中，咀嚼其枯淡閑寂之趣的。

我之所以翻譯此書，起先純粹出於何妨一試的好奇心，並未考慮到公諸於世的可能性，因此才膽敢採用文言體。不合時宜，莫此為甚。但國科會魏小姐卻把這件事告訴了聯經出版公司的簡美玉小姐，而聯經的創辦人劉國瑞先生、發行人兼總編輯林載爵先生，看到了譯本的初稿之後都表示有意加以出版。在此我要向聯經的舊雨新知表示由衷的謝忱。

現在，《奧之細道》即將問世。我這個漢譯本連自己都不盡稱心，故不敢奢望盡合他人之意。何況才疏學淺，和歌俳諧又非所長，弄斧班門肯定會貽笑大方。但願有緣讀者不吝批評指教。知我罪我，願意虛心接受。

鄭清茂

二〇一〇年歲次庚寅春分序於桃園曰可居

凡例

一、本書原署《おくのほそ道》，通用《奥の細道》。中國鄭民欽等人之漢譯，題「奥州小道」或「奥州小路」。英譯本有湯淺信之（Nobuyuki Yuasa）之*The Narrow Road to the Deep North*; Dorothy Britton之*Narrow Road to a Far Province*; Cid Corman之*Back Roads to Far Towns*與Helen C. McCullough之*The Narrow Road to the Interior*等。台灣似乎尚無全譯本。然而，多年來經由觀光旅遊或媒體報導，《奧之細道》之名早已不脛而走，乃沿用之。可謂原題之直譯，唯加副題「芭蕉之奧羽北陸行腳」，以示其行程兼及羽州、北陸道，不止奧州一地也。

二、本譯本所據文本以尾形仂《おくのほそ道評釋》為主，並參照現今通行之其他注釋之作。尾形仂氏《評釋》本，除其「口譯」、「語釋」、「解說」各項極為詳盡之外，又有「校異」一項，比對數種傳本字句，考校異同，最稱翔實。

三、《奧之細道》原書不設章節，唯其現行諸多譯注評釋皆分段落，長短不一，均稱之為

「章」。全書章數，從少於四十，多至五十，或加序號與子題，或有子題而無序號，或有序號而無子題，各書分法不盡相同。本譯本則依久富哲雄《おくのほそ道全譯注》之例，分為四十五章，並沿用其所附子題，以便讀者檢閱。

四、原文之漢譯及其注釋文體，經過長思與屢試之後，決定採用文言體，但於遣詞造句，力求淺易。相信較之白話，更能體現俳文精簡古雅之風格。其實現有之漢譯本，不約而同亦多以文言為之，非純出於譯者一己之偏好也。至於俳句之翻譯，則不避白話，期能達其自然輕妙之旨。

五、原文中所引和歌，均以五絕譯之。注釋中引證之「歌枕」和歌七十多首，則譯成五絕一首或七言一聯，視其內容之繁簡而定。至於韻律，其譯成絕句者，韻腳則依《中華新韻》；平仄則無論絕句或單聯，任其自然，不強作斟酌。在此所謂和歌，指相對於「長歌」之「短歌」，係平安時代《古今和歌集》（九〇五）以來之主要形式。原則上，每首由「表音」之假名「五・七・五・七・七」共三十一音節構成。歌中每每利用「序詞」、「枕詞」、「掛詞」或「緣語」等特殊修辭法，創造聯想、雙關或多義性等效果。故譯成漢語，或能得其一二，卻難面面俱到。又所謂「歌枕」，原指和歌之修辭套語，平安中期之後則指和歌所詠名勝或古蹟。

六、「俳句」與「發句」、「連句」為「俳諧」三種主要形式。發句原指連句之首句（五・七・五共十七音），附以「脇句」（七・七共十四音），即同短歌一首；如繼續依樣輪流重複，即成「連句」。依其長短有「歌仙」（三十六句）、「世吉」（四十四句），或「五十韻（句）」、「百韻（句）」、「千句」、「萬句」等區別。發句於明治時代自俳諧獨立出來，成為俳句。唯每句音節仍維持「上五・中七・下五」（偶有多於規定音節者，謂之「字餘」），原則上仍須使用「切字」與「季語」。切字指斷詞或斷句所用之助詞或助動詞（や、か、かな、なり、けり之類）。季語表示季節，如「雛偶」是春三月，「杜鵑」是夏四月，「菊花」是秋九月，「紙衣」是冬日之類，皆為具體名詞或詞組，故不難譯成對應漢語；而切字則事關日文特殊句法，漢語中鮮有等同用例，故多置之不顧，亦不勉為作注說明。

七、俳句之漢譯，向來所用形式有漢俳體、五言絕句、五言或七言一聯、七・五・三言雜體（一行至四行不等）、白話短詩等。所謂「漢俳體」，係仿日文俳句「五・七・五」之體而成，唯以「表意」之漢字計音節，共十七言，用來創作漢俳則可，藉以漢譯俳句則嫌冗長。若譯之以五絕，得漢字二十言，更違言簡意賅之旨。譯者亦嘗以「三・五・三」共十一言試之，則時有言不足以達全句之意之憾。最後乃折衷各體，以「四・六・四」共十四言譯之，始覺言足以盡意。雖偶有言溢於意者，可見仍難施之俳句而皆準，然為求其一律，決定用之於全書，但在注釋中皆各附其原文，以便對照。至於韻律，則依和歌俳諧之例，不特講求。要之，唯力圖所譯之能信能達而已，雅則非譯者之所敢企及，力有未逮也。

八、和歌之量詞，無論長短皆稱之為「首」，與漢詩相同。連句之發句與脇句，則各以「句」為單位。俳句亦然。蓋每一俳句雖由「五・七・五」共三音組構成，而在語法上則多單獨成句。切字之後或音組之間，大半表示語氣之停頓，不必與語意之斷續有關。又俳句譯成漢語或其他外文時，莫不分行書寫，習以為常；但其原文，即使今日，例皆寫成或印成單行，且不標任何逗號或句點。本譯本在引用俳句原文時，亦不分行，不加標點，但在「五・七・五」音組之間空出一格，以示停頓。文本漢譯「四・六・四」言之體，則援譯本慣例，排成三行。

九、本譯本之注釋所占篇幅與字數，較諸本文，不啻倍蓰，無非出於相助讀者理解與賞鑒之一心。若嫌其繁瑣，請逕讀本文，置注釋於不顧可也。注釋之作，最費心力，亦費時日。其間參考日本學者相關著作多種（詳見〈主要參考文獻〉），助益良多。尤於台灣罕覯資料之徵引，每多依傍。特志於此，以示不敢掠美之意。

十、原著或注釋中出現之日本「國字」，其為專有名詞者，如地名「栃木」、姓氏「北畠」之類，既不能譯，原字聽之。其為普通名詞或其他詞性之單字者，如「峠」、「梺」、「笹」、「俤」、「匂」、「扨」等，則試以相當之漢語譯之。至於日製漢字詞組，其為官位官職者，如「國守」、「別當」、「莊司」、「館代」之類，皆保留原名；另有其他詞組，如「權現」、「乙女」、「注連」、「名月」、「有明」、「忍草」、「彌生」、「枝折」等，或襲用原詞，或譯成漢語，但均在注釋中有所說明。

十一、注釋中所附漢詞之音讀或訓讀，沿用日本古典音訓慣例，概以傳統（歷史）假名標之。如「日光」為「にっくゎう」，而非「にっこう」；「檜皮」為「ひはだ」，而非「ひわだ」之類。又所謂「當字」，類似漢語之假借字或別字，即借用與原義無關（時或有關）而讀法相同之漢詞寫法。「當」之一字偶亦當動詞用之。

目次

奧之細道：

芭蕉之奧羽北陸行腳

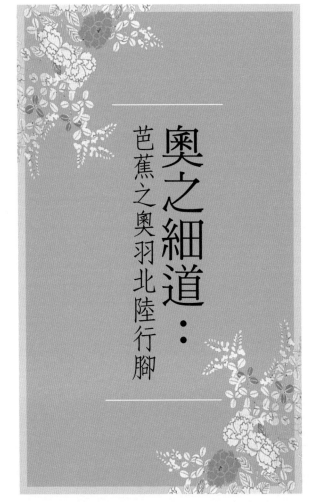

一、漂泊之思

月日者百代之過客，來往之年亦旅人也①。有浮其生涯於舟上，或執其馬鞭以迎老者，日日行役而以旅次為家②。古人亦多有死於羈旅者③。不知始於何年，余亦為吹逐片雲之風所誘④，而浪跡海濱⑤。去年秋，返回江上破屋⑥，拂其

① 《奧之細道》（以後簡稱《細道》）第一章開宗明義首句，明顯蹈襲李白〈春夜宴桃李園序〉：「夫天地者萬物之逆旅，光陰者百代之過客。」唯李白繼云：「而浮生若夢，為歡幾何？古人秉燭夜遊，良有以也。況陽春召我以煙景，大塊假我以文章。」旨在抒發人生苦短、及時行樂之意。而芭蕉則強調人生即旅、諸行無常之觀。「月日」即光陰。不稱「日月」而稱「月日」者，一則沿用日文慣例，二則兼指月亮與太陽，與下出「來往之年」，同屬擬人修辭。李白之「逆旅」偏重包容萬物、當下此刻之空間，而芭蕉之「過客」、「旅人」，則隱喻流動不居之時間。

② 指船夫與馬夫。芭蕉以「無所住」之旅為家，云：「以無庵為庵，以無住為住。」（尾形仂《おくのほそ道評釋》引阿刀本〈幻住庵記〉）。又致正秀函：「極望浮雲無住之境界，故乃如此漂泊。」（元祿四年正月十九日）。《細道》〈一四、飯塚里〉章云：「羈旅邊地之行腳，捨身無常之觀念，即或死於道路，是亦天命也。」案：陶潛亦以此生為旅，其絕筆〈自祭文〉云：「陶子將辭逆旅之館，永歸本宅。」本宅猶今人所謂「老家」，喻死亡。白居易〈秋山〉：「人生無幾何，如寄天地間。」蘇軾〈和陶擬古〉：「吾生如寄耳，何者為吾廬。」又〈過淮〉：「吾生如寄

蜘蛛老網。歲聿其暮，立春旋至，仰望天際，雲興霞蔚，則思穿越白河關口⑦。驛馬星動而憑依於身⑧，心亂若狂；道祖神來而頻招其手⑨，無計奈何；乃補綴破褲筒，更換斗笠帶，艾灸三里穴⑩，而松島之月早懸於心矣⑪；爰讓居處於人，移至杉風別墅⑫。

草庵依然
終有遷讓時節
雛偶人家⑬

耳，初不擇所適。」

③「古人」，指芭蕉仰為典範之古代詩歌大家。諸注所提者不下十人，包括日本歌僧西行上人（一一一八—一一九〇）、連歌師宗祇（一四二一—一五〇二）、中國詩人李白（七〇一—七六二）、杜甫（七一二—七七〇）。李白長期漂泊，卒於當塗；杜甫離蜀至湘，客死舟中；西行上人，俗名佐藤義清，往生於河內國（今大阪府）弘川寺；宗祇法師，飯尾氏，寂滅於箱根湯本早雲寺，皆可謂「死於羈旅者」。

④杜甫〈江漢〉：「片雲天共遠，永夜月同孤。」又〈野老〉：「長路關心悲劍閣，片雲何事傍琴臺。」又〈秦州雜詩二十六首之十六〉：「落日邀雙鳥，晴天卷片雲。」案：簑笠庵梨一編《奧細道菅菰抄》（一七七八）（以後《菅菰抄》）云：「有『一片孤雲逐吹飛』之詩趣。」未審出處。支考述、不玉撰《葛の松原》（一六九二）引芭蕉語云：「如對片雲之風。」（片雲の風に臨めるがごとし）

⑤芭蕉於貞享四年（一六八七）陰曆十月下旬出門，歷遊尾張、三河、大和、紀伊、攝津、播磨等國。翌年四月返回江戶芭蕉庵。其間曾「浪跡」鳴海、伊良古崎（一作伊良湖崎）、和歌浦、須磨、明石等「海濱」（事見芭蕉《笈の小文》等相關紀行之作）。案：日本政治史上直至江戶時代，仍屬封建體制。故所謂「國」，指「京畿」外之地方封地，或曰「藩」，相當（或較小）於明治以來「都、府、縣」之地方行政區劃。封地統治者曰國守、國主或藩主，通稱大名。

⑥「去年秋」當指貞享五年陰曆八月下旬（九月起改元元祿），芭蕉自《笈の小文》與《更科紀行》之旅返江戶之時。「江上破屋」在隅田川畔，即「深川本番所森田惣左衛門御屋敷（宅邸）」內之第二次芭蕉庵。芭蕉有〈閑居箴〉、〈芭蕉庵十三夜〉等俳文言及之。

⑦「白河關」為古代通往陸奧之重要關口。著名歌枕。傳設於允恭天皇（在位四一二—四五三）之世，以防蝦夷入侵。其後經平安時代至鎌倉時代，

臨行，懸表八句於庵柱之上⑭。

形同廢棄。德川時代，關址已失其跡，一說以為在今福島縣白河市旗宿。參《細道》〈一一、白河關〉章。

⑧「驛馬星」，原文「そゞろ神」，究為何種神祇，迄無定論。諸注均認為應與旅遊有關，或即日本民俗「步行神」之類。中國有「驛馬星動」之說，謂將有遠行、遷徙或赴任之兆也。並非恰譯，以類比之耳。「驛馬星」或稱「走星」，主司行旅之神。

⑨「道祖神」，防遏路上惡魔，保護旅人安全之神。類似台灣土地公，一般祀於村口或橋畔，但其神像或作男女相擁之形，令人莞爾。

⑩其日菴馬場錦江編《奧細道通解》（以後《通解》）引〈日用灸法〉云：「三里二穴在膝下三寸，胻骨之外，大筋之內。一說，在膝眼下三寸。」據云，有膈噎、腹脹、水腫、便血、上氣、目眩、胃氣虛弱者，灸之必靈。芭蕉於同年四月廿六日自須賀川致杉風書云：「出發前針灸，頗覺有效。逗留〔在外〕期間，擬再針灸腿腳。」

⑪「松島」，著名歌枕，自古詠「松島之月」之歌甚多。與「平泉」、「象潟」同為芭蕉此次《細道》行腳之三大勝地，行前已心嚮往之矣。「松島」泛指今宮城縣宮城郡松島町松島灣內外兩百六十餘大小諸島，與海灣一帶之名勝地區。餘詳《細道》〈二一、松島〉章。

⑫「居處」指芭蕉庵，即文中之「江上破屋」。杉風（一六四七—一七三二），俳號。杉山氏，通稱鯉屋市兵衛，日本橋小田原町幕府御用海鮮批發商。蕉門早期弟子及贊助人。小芭蕉三歲，卒於享保十七年，享年八十六。「別墅」指杉風別宅，宅名「採茶庵」，蓋取自《詩・豳風》〈七月〉：「采茶薪樗，食我農夫。」位於「深川六間堀西側」，與芭蕉庵近在咫尺。

⑬原文：「草の戸も　住替る代ぞ　ひなの家」案：三月三日為日本女兒節（原依陰曆，今據陽曆），日人稱為「雛祭り」或「雛の節句」。「雛」（ひな）為「雛人形」之略，即小型偶人。有內裡雛、座雛、親王雛

等。家有少女者，輒在家中設置「雛壇」，由上而下呈階梯形，擺列雛偶。男女必成對，皆飾以古裝：男偶束帶，女偶十二單。並供以麥餅、桃花、白酒等物，所以祛邪保平安也。又案：此句當作於芭蕉讓出芭蕉庵之後，開始《細道》之旅之前。麥阿撰《世中百韻》（一七三七）引芭蕉為此句初稿所作前言云：「將有遠遊，遙想天涯迢遞，不容瑣屑小事，纏擾於心。乃以向所住小庵讓於相識，此人有妻室、女兒與孫輩。」另有書信數封亦言及此事。可知承讓芭蕉庵者，乃其「相識」，且恰逢女兒節，故不能免俗，布置草庵為「雛偶人家」，與芭蕉居住時簡樸風雅之趣，大相逕庭。

⑭「表八句」，原文多作「面八句」。表與面訓同（おもて），謂正面、表面也。與「裡」（うら，背面、裡面或反面）為反義詞，如漢語「表、裡」之相對。所謂表八句，即俳諧連句「初表八句」之意。依慣例，寫連句百韻（句）時，用「懷紙」（詩箋）四張，每張摺疊為二，成一表一裡。第一張之表即「初表」，寫八句，裡十四句；第二、第三張表、裡各十四句；第四張為「名殘」（なごり），即尾聲或餘波，表十四句，裡八句。若寫連句五十韻（句），則用懷紙二張，「初表」寫八句，其餘表、裡各十四句。若是「歌仙」（三十六句連句），則用懷紙二張，「初表」與「名殘之裡」各寫六句，其餘表、裡各十二句。（詳久富哲雄，《おくのほそ道・全譯注》，頁一九）。案：芭蕉所謂「表八句」，到底是百韻連句抑或五十韻連句之「初表」，並未明言。或以此「草庵」（草の戸）句，為芭蕉獨吟「表八句」之「發句」（連句首句）。但如確有其事，卻乏任何佐證資料，即其門生亦未有提及之者。或以為「懸表八句於庵柱」云云，蓋出自芭蕉之虛構，可備一說。

二、啟程

彌生下旬之七日①，曙色朦朧中，殘月微茫下，不二峰隱約可望②，然上野、谷中之花梢③，何時重見，思之愴然④。知交而睦者⑤，昨宵即來相聚，今晨乘舟相送。至名為千住之處⑥，棄船上岸。遙想前途三千里⑦，胸口為之鬱塞。

①即陰曆三月二十七日（陽曆五月十六日），季節屬晚春，故有「春將去也」之句。日人雅稱陰曆三月為彌生。其他月份別名之常見者有：睦月（正）、如月（二）、卯月（四）、皐月（五）、水無月（六）、文月（七）、葉月（八）、長月（九）、神無月（十）、霜月（十一）、師走（十二）。

②《源氏物語・帚木》：「殘月微茫，輪廓隱約，曙色朦朧，反多情趣。」「不二」即「富士」，或作「富岻」，讀音同(ふじ)。日本第一高山，海拔三七七六公尺，文人或稱「富岳」，在古駿河國，跨越今靜岡、山梨兩縣。天晴時，即遠在江戶，亦可望其雪峰。日人仰為神山或仙山。和文與漢文文學中多有吟詠此山之作。如都良香（八三四?—八七九）〈富士山記〉：「蓋神仙之所遊萃也。」又云：「山有神，名淺間大神。」漢詩有石川丈山（一五八三—一六七二）〈富士山〉：「仙客來遊雲外巔，神龍棲老洞中淵。雪如紈素煙如柄，白扇倒懸東海天。」大田南畝（一七四九—一八二三）〈望岳〉：「日出扶桑海氣重，青天白雪秀芙蓉。誰知五岳三山外，別有東方不二峰。」等，皆膾炙人口。明清之際，華人亦有詠富士者，詳廖肇亨，〈木菴禪師詩歌中的日本圖像：以富士山

浮生夢幻耳，奈何而灑離別之淚⑧。

春將去也
枉教鳥啼婉轉
魚目含淚⑨

且以此句為此行之破題⑩，唯上路而踟躕不前。眾人並肩立於路上，蓋欲目送至背影隱沒而後已。

與僧侶像讚為中心〉，氏著《中邊・詩禪・夢戲》收（台北：允晨，二〇〇八）。

③「花梢」謂櫻花樹梢。「上野」、「谷中」毗連，皆台地，今屬東京都台東區。上野有上野公園，谷中在其西北。從上野寬永寺至谷中感應寺一帶為賞櫻勝地，江戶時代已然。芭蕉有句題〈草庵〉云：「花雲一片　鐘聲來自上野　還是淺草」（花の雲　鐘は上野か　浅草か）。

④平安時代晚期漂泊歌僧西行上人將行腳四國，臨行作歌，有句云：「何時能重見，思之徒愴然」（又いつかはと　思う哀れに）（《山家集》）。

⑤指杉風、其角、嵐雪等人，皆芭蕉門下。

⑥「千住」，今東京都足立區千住，江戶時代通往日光及奧州街道第一驛站。芭蕉一行取水路，從深川附近之渡口，沿隅田川溯流而上，在千住下船，開始徒步（偶亦騎馬）之旅。

⑦陸機（二六一—三〇三），〈為顧彥先贈婦二首〉之一：「辭家遠行遊，悠悠三千里。」李白，〈思邊〉：「玉關此去三千里，欲寄音書那得聞。」白居易，〈冬至宿楊梅館〉：「十一月中長至夜，三千里外遠行人。」其實芭蕉之《細道》全程約六百日里（約兩千五百公里），其所以套用古詩文「三千里」一詞，蓋欲強調此次遠行之遠。在其他和文文學作品中亦有援用此詞組之例，如《源氏物語・須磨》：「遙望來處山霞，誠有三千里外之思。」

⑧蘇軾，〈罷徐州往南京馬上走筆……〉：「別離隨處有，悲惱緣愛結。而我本無恩，此涕誰為設。」

⑨原文：「行春や　鳥啼魚の　目の泪」句意：「春去也，鳥啼魚目淚。」案：此句中七下五「鳥啼魚目淚」，似與下列文本有涉。樂府〈古辭〉：「枯魚過河泣，何時悔復及。」杜甫，〈春望〉：「感時花濺淚，恨別鳥驚心。」李賀（七九〇—八一六），〈題歸夢〉：「勞勞一寸心，燈花照魚目。」東晉干寶，《搜神記》，卷十二：「南海之外有鮫人，水居如

遙想前途三千里胸口為之鬱塞浮生夢幻耳奈何而濕離別之淚春將去也枉教鳥啼婉轉魚目含淚且以此句為此行之破題唯上路而踟躕不前眾人並肩而立於路上蓋欲目送至背影隱沒而後已

魚，不廢織績，其眼泣則能出珠。」

⑩「破題」，原文「矢立の初」，謂紀行或遊記之開頭。案：「矢立」（やたて），指羈旅攜帶之成套書寫用具。墨壺與筆盒相連。墨壺扁斗狀，以絲棉蓄存墨汁；筆盒柄形，如今之筷子匣，可置毛筆。

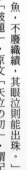

三、草加

今年，人道是元祿二年①，率爾起意奧羽長途之行腳②，明知不免重飲吳天白髮之恨③，然已耳聞而尚未目睹之處仍多，竊以為或能幸而生還，乃托虛幻之悲願於未來。是日一路蹣跚，終抵草加驛館④。肩骨嶙峋⑤，背負行囊，最感

①元祿二年，己巳，西曆一六八九年。清康熙二十八年。

②「奧羽」為江戶時代陸奧國（又稱奧州，有五十四郡）與出羽國（又稱羽州，有十二郡）之略，即今日本東北之福島、宮城、岩手、青森、秋田、山形六縣。「奧之細道」之「奧」，則為「奧羽」之略。芭蕉於元祿二年陰曆三月初旬出讓居處「芭蕉庵」，同年二十七日與門人曾良開始奧羽長途之旅。「行腳」，宋睦庵，《祖庭事苑・八》：「行腳者，謂遠離鄉曲，腳行天下，脫情捐累，尋訪師友，求法證悟也。所以學無常師，偏歷為上。」案：芭蕉於此次行腳，其實早有計畫，盼望久矣，所謂「率爾起意」（只かりそめに思ひたちて）云云，蓋基於修辭策略，藉以增加戲劇性效果。有人則認為發自芭蕉浮生如寄、諸行無常之「宿命觀衝動」（尾形仂，《おくのほそ道評釈》，頁四一）。

③今中國江蘇省，古為吳國地，喻遠離京城之異鄉，即白居易詩〈江南送北客〉：「故園望斷欲何如，楚山吳水萬里餘」之意。「吳天白髮」之典據，諸注或引李洞，〈送三藏歸西域〉：「十萬里程多少難，沙中彈舌受降龍。五天到日應頭白，月落長安半月鐘。」（宋周弼，《三體詩》，卷一）。「五天」與「吳天」讀音同（ごてん），即五天竺，指印度。或

艱辛。原想隻身輕裝就道，但需紙衣一襲以防夜寒⑥，又需浴衣、雨具⑦、筆墨之類⑧；另有餞禮，卻之不恭，究難拋擲，竟成途上累贅，唯有徒喚奈何而已。

引〈閩僧可士送僧詩〉：「一鉢即生涯，隨緣度歲華。是山皆有寺，何處不為家。笠重吳天雪，鞋香楚地花。他年訪禪室，寧憚路岐賒。」（宋魏慶之，《詩人玉屑》，卷二十）。謠曲（能樂之歌詞或腳本）亦有蹈襲二詩者，如《竹雪》：「雖不在吳山，遙想笠上積雪，化成老人白髮。」又如〈葛城〉：「笠重吳天雪，鞋香楚地花。肩上斗笠，肩上斗笠，斜映無影月，挑著柴火，且折不香花，歸去也。」芭蕉似頗愛之，有句云：「夜寒衾重　遙想吳天迢迢　應在飄雪」（夜着は重し　呉天に雪を　見るあらん）（風國編，《泊船集》，一六九八）。又云：「觀露宮城野，拽杖吳天雪。」（宮城野の露見にゆかん、呉天の雪に杖を拽かん）（〈笠はり〉，年月不詳）。至此，原典之「頭白」、「吳天雪」、「笠雪」，已轉成或溶為「吳天白髮」矣。

④一作「早加」，為日光街道第二驛站，離千住約二里八町（八・七公里）。今琦玉縣草加市。是日芭蕉並未在此留宿。據曾良《隨行日記》：「廿七日夜，宿粕壁，距江戶九里餘。」粕壁即春日部，均讀「かすかべ」，日光街道第四驛，今春日部市。案：日文所謂「街道」，指連接街市、驛站與關口而通往較遠地區之幹路或要道。

⑤李白有〈戲贈杜甫〉詩：「飯顆山頭逢杜甫，頂戴笠子日卓午。借問別來太瘦生，總為從前作詩苦。」詩意詼諧，若改成「作句苦」以贈芭蕉，似可彷彿詩聖與俳聖尋詩覓句之甘苦也。案：芭蕉在〈四山瓢〉（一六八六）一文中，引素堂山口信章（一六四二—一七一六）所贈〈瓢之銘〉：「一瓢重泰山，自笑稱箕山。莫怪首陽山，這中飯顆山。」並云：「飯顆山為老杜居地，李白有戲之之句。素翁欲仿李白以喻我清貧也。」

⑥「紙衣」，或作「紙子」，訓讀同（かみこ）。用厚韌白紙塗以柿漆（柿核汁液），塗抹數次後，日下曬乾，夜沾露水，揉之使軟，可以裁製衣服或披風。原為僧侶所穿，後來一般庶民亦用來防寒。

⑦「浴衣」，棉布單衣（袍），日人於浴後穿用，亦可當夏日便裝。「雨具」，指雨衣、雨傘之類。

⑧除筆硯墨盒之外，應有「懷紙」、「短冊」之類。懷紙，可摺疊放在懷中備用之詩箋。短冊，亦作短尺，書寫詩歌俳句所用之窄長詩箋。

四、室八島

詣室八島①。同行者曾良曰②：此神稱木花開耶姬，蓋與富士一體同神也③。相傳姬入無戶之室，立誓而自焚，烈火中生子火火出見尊，是以始稱室八島④。又詠煙之習，亦由來於此⑤。再者，此地禁食鰶魚⑥。緣起故事，諸如此

①下野國都賀郡惣社村（今栃木市惣社町）有大神神社。據舟也編，《日本賀濃子》（一作《日本鹿子》，一六九一），卷九云：「室八島大明神設於惣社村。……該社為富士淺間之親神也。」江戶前、中期儒學家貝原益軒（一六三〇—一七一四），《日光名勝記》（一六八五）：「林內有惣社大明神，是下野之惣社也。社前有室八島。形如小島者八處。周圍皆窪陷如水池。今無水。島之大小，方二間許（約三．六四平方公尺）。島上杉木稀疏。室八島，古歌詠之者甚多，名勝也。諸島池上，水氣蒸騰如煙，可堪玩賞。詢之村人，皆曰池涸已久，早無水煙之景矣。」又曰：「池形尚存時，方可二十間。」

②曾良，俳號。本名岩波庄右衛門正字，通稱河合惣五郎（一六四九—一七一〇）。生於信濃國諏訪郡上諏訪（今長野縣諏訪市），早年曾仕伊勢國長島藩。致仕後至江戶，學神道、和歌，旋入蕉門，居芭蕉庵附近。小芭蕉五歲。貞享四年（一六八七）隨師遊鹿島（今茨城縣鹿島市），芭蕉有《鹿島記》（或題《鹿島詣》、《鹿島紀行》），略記此遊。其《細道》行腳《隨行日記》，或題「曾良旅日記」，於奧羽之神社、歌枕，以及每日行蹤與活動，均有具體描述，為研究《細道》所述虛實及其書寫策

類，尚有傳之於世者。

略，提供極為重要之參考資料。芭蕉歿後，曾良於寶永七年（一七一〇）出任幕府巡見使（地方視察官），南下九州，客死壹岐國（今長崎縣壹岐島），享年六十二歲。

③「木花開耶姬」，為大山祇神之女、天孫瓊瓊杵尊之后，又名「吾田鹿葦津姬」（《日本書紀》），或名「神阿阿多比賣」（《古事記》），為室八島祭神，與富士山麓淺間神社所祭者一體同神。其所奉祀者，一說為其父大山祇神（《國花萬葉記》）。一說為合祀其父與其子彥火火出見尊（《下野國誌》）。

④「無戶室」，《古事記》作「無戶八尋殿」。據《日本書紀・神代下》所載，木花開耶姬為天孫瓊瓊杵尊之后，一夜而有娠。天孫不之信，疑其所懷者必非其子。姬極憤恨，乃作無戶室，入居其內，而誓之曰：「妾所娠，若非天孫之胤，必當焦滅。如實天孫之胤，火不能害。即放火燒室。」果不其然，姬在火中，生下三子：火闌降命、彥火火出見命、火明命，皆安然無恙。至於「始稱室八島」一事，諸注或略而不談，或語焉不詳。據久富哲雄《全譯注》，「室」（むろ）為牆壁密封之屋；「八島」（やしま），大釜也。木花開耶姬自焚無戶室中，如坐大釜，烈火環燒，而能安生三兒，故稱「室之八島」。不甚了了，聊備一說耳。

⑤古來詠「室八島」之歌頗多，且例多詠其水「煙」。寺島良安著《和漢三才圖會》（一七一二）：「野中有清水，其水氣上昇如煙，歌人稱之室八島煙。」古歌枕。平安中期歌人藤原實方（？—九九八）：「思君君不悟，何以傳我情。恨非室八島，水煙訴分明。」（いかでかは　思ひありとも　知らすべき　室の八島の　煙ならでは）（《詞華集》戀）。《隨行日記・名勝備忘錄》「下野」部「室八島」項下，亦抄錄數首。如源俊賴（一〇五五？—一一二九），平安後期歌人：「五月梅雨天，遙望室八島。水氣渺如煙，波上起裊繞。」（五月雨に　室の八島を　見渡せば　煙は波の　上よりぞたつ）（《千載和歌集》夏）

⑥「鰶」（このしろ），日文或以「鱅」、「鰣」、「鮗」、「制魚」當之。漢名「班鰶」或「扁鰶」。馬場錦江《奥細道通解》引俗傳云：「野州室八島，有一美女，與一男子暗通款曲，父母亦許其婚嫁。時國守欲強取之。父母不肯。但恐觸其怒，遂偽言女已罹疾而死，作棺，盛以鰶魚而火化之。經日，遠走他鄉，終遁其難。因名此魚為『子之代』。至今仍以鰶魚供神，為子女祈福云。且此魚乃神之所嚐，故人禁食之。」案：「子之代」，亦讀「このしろ」（子女替身），與「鰶」諧音雙關。諸注所引故事，多大同小異。一說，謂此一美女即木花開耶姬。

五、佛五左衛門

三十日，宿日光山麓①。居停主人云：「我名佛五左衛門。萬事以正直為本，故世人有此稱呼②。旅次一宿，尚請安心休息。」不知何佛顯靈濁世塵土③，竟對此形同桑門乞食巡禮之徒④，關心相助。留意主人之所為，蓋唯無智無分

①陰曆三月是小月，芭蕉應知並無「三十日」，其意或以指「晦日」，即每月之末日，故可有二十九或三十日，然其用意終難斷言也。據《隨行日記》，芭蕉於三月二十九日觀室八島，夜宿鹿沼。四月初一抵日光，參拜東照宮。「其夜宿日光山缽石町五左衛門家」，日光山在下野國河內郡（今栃木縣日光市），缽石町為日光山廟前街，即芭蕉所謂「日光山麓」。江戶儒者貝原益軒《日光名勝記》云：「日光入口處，街名曰初石。旅人宿此。初石距東照宮約十町。」案：「初石」即「缽石」，訓讀同（はついし）。「町」為日本距離單位，一町約合一百零九米。餘詳次章〈六、日光山〉。

②屋主名「五左衛門」，以其正直為本、慈悲為懷之故，世人加「佛」（ほとけ）字以稱呼之，如華人之稱善心人為「菩薩」也。

③「佛」本指釋迦一人，其後指阿彌陀、藥師、大日等如來部諸尊，又加菩薩、明王之類，故芭蕉有「不知何佛顯靈」之惑。「濁世塵土」即人間現世。業、見、煩惱、眾生、命為五濁；色、聲、香、味、觸為五塵。

④「桑門」即「沙門」，梵文sramana之音譯，意謂勤息、息心。泛指佛門出家修道者，在此指芭蕉自己。「乞食巡禮」，謂托缽四方、巡迴修道

我名佛五左
衛門萬事以
正直為本
故世人
有此稱呼
旅次一宿
尚請安心
休息

別⑤、擇善固執之人也⑥。剛毅木訥近於仁之類⑦。其氣稟之耿直純樸⑧，尤可尊敬。

也。案：《細道》行前，芭蕉於閏一月下旬致書猿雖，引平安朝高僧增賀（九一七—一〇〇三）之言：「一鉢境界，乞食之身最可敬」。（一鉢境界、乞食の身こそたうとけれ）並發願追蹤增賀寂寞之跡。又云：「今年之旅，必憔悴消瘦，將不免淪為乞丐矣。」《細道》行腳後，元祿五年（一六九二）在所作俳文〈棲去之辨〉中聲言「命繫於柱杖一鉢」，語氣更為悲壯。足見其追求風雅始終如一，絕不後悔之意。

⑤「無智無分別」，在俗人眼中，是無知愚昧、不辨是非之徒。然從釋、道觀點，則指能超越智愚，而達到無分別心之絕對境界而言。芭蕉有致怒誰信云：「倘斤斤於小道小枝之別，則世上是非無已時，自智能蒙物，故宜日日月月年年修行，以達物我一致之境。」（元祿七年一月廿九日）。

⑥《禮記・中庸》：「誠之者，擇善而固執之者也。」

⑦《論語・子路》：「子曰：剛毅木訥近仁。」案：木者質樸，訥者遲鈍。

⑧「氣稟」沿用原文漢詞，謂氣質稟賦。朱熹《中庸章句》：「性道雖同，而氣稟或異，故不能無過不及之差。」

六、日光山

卯月朔日①，參詣御山②。往昔，書此御山為二荒山，空海大師開山時，改為日光，蓋能了悟千載後來事者③。而今威光耀一天之下，恩澤溢八荒之內④。四民安堵，各適其居⑤。惶恐不敢再言，即此擱筆。

---

①陰曆四月初一（陽曆五月十九日）。三月晦日晚春結束，四月朔日初一進入初夏季節。

②「御山」一詞沿用原文漢字，乃出於山岳信仰之敬稱，在此特指日光山東照宮。案：「御」表尊敬與謙虛之詞，在日文中，不限於帝王神祇，諸如令兄、高足、尊址、貴國等漢語之前綴敬詞，一般皆可以「御」字代之。

③「二荒山」，又作「補陀洛山」，乃梵文potalaka之漢語音譯（另有補怛洛迦、普陀、布達拉、逋多羅等不同漢譯），意謂光明山、海島山、小花樹山。佛經中多指觀世音菩薩道場。《聖觀自在菩薩一百八名經》：「一時佛在補怛洛迦山聖觀自在菩薩宮。」「補陀洛」（或同詞之其他漢譯）日文音讀「ふたら」，與「二荒」訓讀同音。而「二荒」音讀（にくゎう）與「日光」之音讀（にっくゎう）相近，故空海改「二荒」為「日光」，沿用至今。案：二荒山之開山祖實為奈良末、平安初期高僧勝道上人（七三五—八一七）。《日本賀濃子》云：「下野國日光山……開基勝道上人之所建，大伽藍之地也。」勝道，下野國芳賀郡室八島人。三登日光山，歷盡艱辛，先後創建四本龍寺（七六六）、中禪寺（七八四）、日輪寺（七八七），弘仁八年圓寂，年八十三。其遺言云：「我山是大乘

凜然可畏
綠葉新葉相襯
日光粲兮⑥

黑髮山上雲霞飄浮，而殘雪仍白⑦。

剃光黑髮
行到黑髮山麓
恰逢更衣⑧

曾良

相應之地，觀音利生之處也。」（詳道珍、教旻，〈補陀洛山草創建立記〉，八一八）。其後空海於弘仁十一年（八二〇）為撰勝道上人碑文，率道珍、教旻等僧眾巡歷「二荒之形」，建立菩提寺、四條寺、般若寺、寂光寺等（事見道珍，〈日光瀧尾草創建立記〉）。故尊蓮所撰〈滿願寺（四本龍寺）三月會記〉（八五七）云：「本山係勝道上人與空海和尚兩德草創，皇家鎮護之靈處也。」空海（七七四—八三五），平安初期名僧。日本真言宗開祖。俗姓佐伯氏，讚岐國多度郡人。延曆二十三年（八〇四）隨遣唐使入唐，就長安青龍寺惠果受密教大法。元和元年（八〇六）返日，創金剛寺於高野山。承和二年（八三五）結跏趺坐入定，年六十二，賜謚弘法大師（詳五山禪僧虎關師鍊（一二七八—一三四六）所編《元亨釋書》，一三二二）。著作甚多，包括《文鏡秘府論》、《三教指歸》、《密藏寶鑰》等，實為中日文化交流史上關鍵性人物。有《弘法大師全集》十五卷行世。所謂「能了悟千載後來事者」，應指空海有先見之明，預知後世將有德川家廟東照宮出現於日光也。

④德川家康（一五四二—一六一六），於慶長八年（一六〇三）拜征夷大將軍，旋開幕府於江戶，其後約十年間終於敉平亂世，一統全國，成為全日本實際之統治者。史稱江戶時代或德川時代（一六〇三—一八六七）。家康馬上得天下，卻以儒術治之。繼五山禪林倡導宋儒理學遺風，特重「朱子學」以為經國濟世之根本，且定之為「官學」，歷代將君持循不墜。故或有「儒教之國」（Confucian State）之譽。直至明治維新（一八六七）歷兩百六十多年之久，雖採鎖國政策，而和平繁榮堪稱治世。人民咸以為家康之德政所致，故芭蕉有感其「威光」、「恩澤」之言。家康歿後葬駿河（今靜岡市）久能山，旋遷靈日光，三代將軍家光（一六〇四—一六五一）為之營建東照宮以祀之。莊嚴富麗，前所未有。「八荒」，四方（東西南北）加四隅（東北、東南、西北、西南），指國之邊疆，引申為宇內、天下。賈誼〈過秦論〉：「有席卷天下，包舉宇內，囊括四海之

曾良，河合氏，通稱惣五郎⑨。與芭蕉庵並軒而居，助余薪水之勞⑩。此次松島、象潟之旅⑪，喜能共享眺望之樂，且羈旅有難，亦可照拂。乃於啟程日拂曉，剃其髮，披緇衣，改名惣五為宗悟⑫。因有黑髮山之句。「更衣」二字，聽來頗有力⑬。

登山二十餘町，有瀑布焉⑭。水自巖洞之頂飛流百尺，直落千巖碧潭⑮。縮身入巖窟，從瀑後觀之，即俗所謂

意，并吞八荒之心。」

⑤「四民」即士農工商，指全體人民。「安堵」，安居樂業；陳琳，〈檄吳將校部曲文〉：「百姓安堵，四民反業。」李善注：「堵，牆也。安於牆堵，不失家業也。」

⑥原文：「あらたうと　青葉若葉の　日の光」此句旨在讚頌日光東照宮之威光與恩澤。其初稿，見於《隨行日記・俳諧書留》云：「あなたふと木の下闇も　日の光」（凜然可畏　即在樹陰闇處　亦有日光），題旨亦同。蓋謂東照宮威光普照，澤潤萬物，無所不在也。「日光」，雙關語，兼指陽光與日光東照宮。

⑦「黑髮山」，日光火山群主峰「男體山」別稱。海拔二四八三公尺。山麓有中禪寺湖，山上有二荒神社。《日光山志》：「古老流傳，如此高山，積雪雖深，而自麓至嶺，松、樅、檜、栂等古木，積翠朦朧，呈漆黑色，故名之〔黑髮山〕云。」歌枕。柿本人麻呂（持統、文武朝〔六八六—七〇七〕宮廷歌人，生卒年不詳）：「黑髮山上山草黑，細雨霏霏思故人」（ぬば玉の　黑髮山の　山草に　小雨降り頻き　しくしく思ほゆ）（《萬葉集》卷十一）。隆源法師：「黑髮山頂豈長黑，只要積雪便白頭」（烏羽玉の　黑髮山の　いただきは　雪もつもらば　白髮とやみん）（《下野風土記》引）。

⑧原文：「剃捨て　黑髮山に　衣更」此句未見於曾良《隨行日記・俳諧書留》，或其生前之任何句文集中，故注家頗有疑其為芭蕉所作而以曾良之名置入《細道》者，但迄無定論。「剃掉黑髮」一事，見本句後介紹曾良之文本。「更衣」，原文作「衣更」（ころもがえ）。陰曆四月初一為「衣更日」，或稱「更衣節」。日本舊俗，是日換棉衣為夾衣以送春迎夏；曾良亦藉以喻己更俗衣為墨染僧衣之事。而在黑髮山麓仰望黑髮山頭，難免聯想行前所剃頭上之「黑髮」也。

⑨「曾良」之名，初見於〈四、室八島〉章。其生平小傳，請參該章注②。

「裡見瀧」也⑯。

暫時歇腳
且隱水簾幕後
結夏之初⑰

⑩芭蕉曾云：「曾良某，賃屋居此近鄰，朝夕存問。準備食物時，助我砍柴。煮茶之夜，則來碎冰。性好隱閑。（下略）」（若人編，《花膾》所收真蹟模刻，一八三四）。蕭統〈陶淵明傳〉：「為彭澤令，不以家累自隨。送一力給其子。書曰：『汝旦夕之費，自給為難，今遣此力，助汝薪水之勞。此亦人子也，可善遇之。』」力，僕也。

⑪「象潟」，出羽國由利郡（今秋田縣由利郡象潟町）名勝。面日本海，乃因地陷而形成之海灣。東西二・二公里，南北三・三公里。據云灣內有九十九島，八十八潟。「潟」，海灣內沙洲間之淺湖沼。貝原益軒《扶桑記勝》卷五：「蚶潟……此地與松島相似。日本十二景之內，第一松島，第二蚶潟。」「蚶潟」即「象潟」，訓讀同（きさがた）。案：芭蕉來訪後一百十五年，文化元年（一八〇四）六月象潟大地震，潟底隆起一・八公尺，化為一片陸地；所謂九十九島，亦成點點小丘矣。餘詳〈三一、象潟〉章。

⑫改俗名惣五郎之「惣五」為法名「宗悟」，但兩者讀音(そうご)雷同，只改字面以示皈依佛法耳。關於曾良之剃髮與改名時日，諸注於《細道》所謂「於啟程日拂曉」，多有置疑者，以為蓋出於芭蕉之虛構與誇飾手法。據可靠資料推斷，當在《細道》行前之「舊年」，即元祿元年（一六八八）歲暮（詳尾形，《評釋》，頁七三）。

⑬「有力」，古時歌合（和歌比賽遊戲）之評判術語，為「無力」之反義詞，意謂曾良用「更衣」二字（和訓則為五音節：ころもがえ），表現靈巧，富於機智，含意深遠，切合曾良當時決意出家、捨身行腳之境遇與情懷。

⑭《日光名所記》云：「自大日堂向右行，路程約二十町，謂裡見瀧。」案：「瀑布」原文漢字作「瀧」，訓讀たき。瀧，原指湍急之流水，元結〈欸乃曲〉：「下瀧船似入深淵，上瀧船似欲昇天。」日文則引伸其意為「瀑布」之通稱。

⑮李白〈望廬山瀑布〉：「飛流直下三千尺，疑是銀河落九天。」白居易〈遊悟真寺詩〉：「百丈碧潭底，寫出黃金盤。藍水似色藍，日夜長潺潺。」《日光名所記》：「此瀑高約十四、五間，幅二間許。自巖窟洞口飛流而出，奔向前方，似有猛獸之勢。」案：「間」為日本空間長度單位，約一・八二公尺。

⑯「裡見瀧」與「霧降瀧」、「華嚴瀧」，並列日光三大名瀑。《通解》曰：「裡見瀧，距山菅橋一里半餘。……登山凡二十町，左有飛泉。往其處稍下，有曲徑寬六七尺，清水流於鑿石之上，涉之前，褲筒盡濕。如此三、四十步，入瀑布內，二人不能並行。……俯視瀑淵，深可十丈，白波洶沸，其聲類華嚴之瀧。望其上，則絕壁陡斜橫空，瀑水自其上而落。〔有詩為證〕：『巖頭苔滑羊腸路，探得鳴泉千尺素。崖下恰同銀漢邊，遊人與掃沾衣露。』此處為山腹崖路，猶如在洞中，寬可二、三間。返瀑布內，登五、六步，有不動明王。方二、三十間，流水滿地，匯成瀑布，謂之上瀧云。未聞恨瀧之說，蓋裡見瀧傳寫之誤也。」案：「恨」與「裡見」，訓讀同（うらみ）。唯兩者是否有雙關之意，諸注鮮有論及者。

⑰原文：「暫時は　瀧に籠るや　夏の初」下五「夏の初」（げのはじめ）之「夏」為「結夏」之略。佛家語，指僧徒於夏季籠居，坐禪修行。明謝肇淛《五雜俎》：「四月十五日，天下僧尼就禪剎搭掛，謂之結夏。又謂之結制，又名安居。」在日本又有夏行、夏安居、夏籠等異稱。《釋氏要覽》：「心形靜攝曰安，要期止住曰居。安居者，物寂而居也。」又《圓覺經・圓覺之餘》：「若經夏首三月安居，當為清靜菩薩止住。」宋吳自牧《夢粱錄・三》：「自結制後，佛殿起楞嚴會。每日晨夕，各寺僧行持誦經咒。……自此有九十日，可以安單辦道。」案：據《隨行日記》，芭蕉於四月初二（陽曆五月二十日）遊覽裡見瀧，距結夏之始，尚有旬餘。芭蕉以浪跡雲水之身，並無結夏之計，唯在漫漫而無常之行腳中，有緣籠身瀑後，稍獲片刻「安居」，因而聯想而喻其片刻「安居」為「結夏」

也。又案：據曾良編《雪滿呂氣》（一七三七刊）收有芭蕉另一句遊裡見瀧之作：「杜鵑啼處 裡見瀑布垂簾 裡面外面」（ほととぎす うらみの滝の うらおもて）。

七、那須野

那須黑羽地方有舊識①，擬橫過原野，抄近路訪之。遙望有一村落，前往途中，日暮雨淋。在農家借住一宿②，翌晨又行於曠野中。見有放牧之馬。懇求於刈草男子，雖曰一村夫，卻非不通人情之輩。「如之何而可耶？此處草原，岐路交錯，過客初來乍到，

①「那須黑羽」屬下野國，今栃木縣那須郡黒羽町。那須山麓之曠野即那須野。東西約二八公里，南北約三二公里，為古時官方獵場。歌枕。藤原信實（一一七六—？），鎌倉時代宮廷畫師、歌人：「那須多岐路，獵箭響不停。鹿竄東西逐，呦呦發悲鳴」（道多き　那須の御狩の　矢さけびにのがれぬ鹿の　聲ぞ聞ゆる）（《夫木抄》）。黑羽為當時「那須七騎」之一大關信濃守增恆（一萬八千石）之城下町。東距日光十六里（約六三公里）。案：那須七騎為：大關、大田原、福原、千本、蘆野、伊王野、那須。「舊識」指下章所訪及接觸之人。

②據《隨行日記》四月二日條：「未之上刻起，雷雨甚強。終抵玉入。同晚宿玉入。宿處惡劣，乃勉強改宿名主家。」玉入，今鹽谷郡玉生村。名主，類今之村長。芭蕉並未提及改宿之事，蓋欲以「宿處惡劣」以襯其行腳之艱辛也。

③援用「老馬識途」故事。《韓非子・說林上》：「管仲、隰朋從桓公伐孤竹，春往冬反，迷惑失道。管仲曰：『老馬之智可用也。』乃放老馬而隨之，遂得道。」

④原文：「かさねとは　八重撫子の　名成るべし」「撫子」（なでしこ），在傳統和歌與連歌中，多用來比喻所愛或可愛之少女。漢名「瞿麥」或「石竹」。在日本又名「常夏」，自《萬葉集》以來，即為「秋七

往往迷入岐途，不能無慮。然則，可騎此馬，至馬停蹄處，放回可也③。」即以其馬借之。有小童二人，隨馬後奔走。其一為少女，名曰阿重。名雖鮮聞，卻頗優雅。

名叫阿重
豈非瞿麥花瓣
八重之重④
曾良

不久抵一村莊，即繫租金於鞍座，放馬歸。

草」（萩花、葛花、尾花、女郎花、藤袴花、桔梗、撫子）之一。在《源氏物語》〈帚木〉、〈紅葉賀〉、〈常夏〉等卷中，亦有詠「撫子」之歌。有倭撫子、唐撫子、川原撫子、鷺撫子、阿蘭陀石竹、京撫子等不同名稱。唯在現存「草花譜」中不見「八重撫子」之名，故或以為好拈花惹草者栽培鑑賞之園藝品種，非野生類。「八重」（やえ），層層疊疊也，如「八重雲」；於花則為重瓣之意，如「八重櫻」。案：此句不見於曾良生前任何集中，注家多疑為芭蕉之所作而置入《細道》者。其作意：因女孩阿重之名而聯想重瓣之花，因花而聯想比喻女孩之撫子，亦以喻阿重之可愛且受重重呵護也。

有小童二人隨馬
後奔走其一為
少女名曰阿重
名叫阿重
崖非瞿麥
花瓣八重
之重

八、黑羽

訪黑羽館代姓淨坊寺名某某者①。突然造訪，主人驚喜無限，歡談日以繼夜。其弟桃翠諸人②，朝夕存問照拂，且相伴至其家，並承其親戚款待。如是者數日。某日逍遙郊外，一覽追犬射場遺跡③；穿越那須野矮竹林地，探訪玉藻寵妃

①「館代」猶「城代」。依德川幕府「參勤交代」（或作「參覲交替」）制度，諸大小藩國藩主（大名）必須輪流駐江戶一年，在幕府奉職，謂之「江戶詰」（えどづめ）。詰者，值勤也。江戶值勤期間，例由留守家臣之長者（家老）代司藩中政事，謂之城代或館代。黑羽藩為小國，當時藩主大關增恆年僅四歲，且襲封不到一年，仍居江戶，故由館代代行國務。「淨坊寺某」應指「淨法寺圖書高勝」（一六六〇—一七三〇），時任黑羽館代，二十九歲。淨坊寺之「坊」與「法」字音讀同（ばう）。俳號桃雪，庵號秋鴉。

②其正確俳名應作「翠桃」。本名鹿子畑善太夫豐明，通稱岡忠治豐明（一六六二—一七二八）。淨法寺圖書高勝胞弟。時二十八歲。前在江戶時，曾與蕉門俳人往來，且與曾良相識。翠桃家在黑羽城外餘瀨村。

③「追犬射場」原文「犬追物」（いぬおふもの），即以竹籬圍繞馬場，放犬其中，騎馬射犬之競技。自平安末期至鎌倉時代頗為盛行，唯僅視之為騎射練習活動。傳黑羽西北約一里半處之蜂巢，有古「追犬射場」遺跡。至其緣起，詳下注④。

④「矮竹林地」，原文「篠原」，或以為那須野餘瀨村郊區之專有地名，該

古墳④。繼詣八幡宮⑤。「與市宗高射扇靶時，懇切祈願我國氏神正八幡之神助，即此神社也⑥。」聞之，感應殊深⑦，久而後已。日暮，歸桃翠宅⑧。

有修驗光明寺⑨。應邀拜其行者堂⑩。

望著夏山
拜過行者木屐
上路去也⑪

處有「篠原稻荷神社」，祀玉藻妃之靈。附近有「鏡湖」，傳曾映顯狐仙之姿。另有名「狐塚」者兩處，芭蕉所訪應是兩者之一。《和漢三才圖會》載有玉藻貴妃故事，略云：玉藻妃者，近衛天皇（在位一一四一—一一五五）侍女也。以豔媚幸。會上不豫，醫療無效，召安陪泰成占之。泰成入宮，令玉藻妃持御幣（即祭神驅邪幡），泰成宣祝詞（祈禱文）。玉藻妃捨幣而去，化為白狐，逃至下野國那須野，害人甚多。上遣三浦介義純與上總介廣常驅之。於是試放犬入馬場而習騎射，是「犬追物」之始也。已而，三浦介、上總介狩於那須野而殺之。白狐又化成石。飛禽走獸觸之者立斃，故號殺生石云。他如《本朝神社考》、《下野風土記》所載，亦大同小異。關於「殺生石」，詳〈一〇、殺生石、遊行柳〉章。

⑤「八幡宮」指「金丸八幡宮」，通稱「那須神社」。在今大田原市南金丸馬場，全名「那須總社金丸八幡宮那須神社」。據傳始建於仁德天皇之世（在位三一三—三九九），原祀天照大神、日本武尊、春日大神。桓武天皇延曆年間（七八二—八〇六），增祀「譽田別命」，即第十五代應神天皇（在位二七〇—三一〇）。爾後，即成那須氏與大關氏代代之氏神。

⑥「與市宗高」，或作「與一宗隆」，訓讀同（よいち むねたか）。那須氏。十二世紀初，豪族那須權守資家，築那須城於高館（今黑羽町大輪），宗高即其七代後裔太郎資隆之十一男。在源氏與平家逐鹿扶桑之際，全家自長男光隆以下皆臣屬平家，唯有宗高一人追隨源氏，且在壽永四年（一一八五）二月「屋島之戰」，奉源氏大將義經之命射敵方船上扇靶，一箭中的，大挫平家銳氣。同年秋，經「壇浦之戰」平家全軍覆沒。戰後論功行賞，與市在武藏等四國獲賜莊園，並繼承其父為那須氏惣領。案：屋島（やしま），一作「八島」，今屬香川縣高松市，源平古戰場。壇浦（だんのうら），在今山口縣下關市東方海岸，平家軍終結之處。那須與市射扇故事膾炙人口。與市騎馬入海，祈願發誓。據《平家物語》卷十一：「與一閉上眼睛，暫曰：『南無八幡大菩薩，特別是我國神明日光

權現宇都宮、那須湯泉大明神，但願射穿扇面正中。如有錯失，願折弓自盡，不再見人。』」又《源平盛衰記》卷四十二記與一誓詞云：「歸命頂禮八幡大菩薩、日本國中大小神祇，特別是下野國日光宇都宮、氏之御神那須大明神，倘弓矢幸得冥佑，請穩住扇面於船座上。」

⑦「感應」，原文漢詞。感而應之也。《易·咸·彖》：「柔上而剛下，二氣感應以相與。」《三藏法數三十七》：「感即眾生，應即佛也。謂眾生能以圓機感佛，佛即以妙應應之。」此處蓋謂與市之誓願感動神佛而獲得回應，如願射中扇靶；亦謂芭蕉聞神佛之德而感動不已也。

⑧據《隨行日記》，芭蕉在黑羽停留，自四月初三至十五日（陽曆五月二十一至六月二日）長達十三日，前後寄宿於桃雪府與翠桃宅。其間雨多晴少。主要行程為：五日詣雲巖寺。九日光明寺。十二日逍遙郊外，尋訪追犬射場與玉藻古墳。十三日八幡宮。而《細道》則先寫「歡談」、「款待」之情，略過「雲巖寺」，隻字未提（但另設專章於後）；次敘十二、三兩日行程，彷彿「一日」內之事。至於「九日光明寺」部分，則置於最後，以便與「望著夏山」之句銜接而結束本章。可見芭蕉紀行文學之不盡記實，或變動日期，或虛構故事，無非講求文章之整飭與效果也。

⑨「光明寺」指餘瀨村「即成山光明寺」。當時住持是權大僧都津田源光法印，其妻為桃雪、翠桃兄弟之姊妹。「修驗」指修驗道，又稱修驗宗。日本佛教真言密教一支派。開山祖師「役小角」，又名「役行者」。「修驗」乃修實行驗法成之義。以「胎藏界」、「金剛界」兩部為旨。附會「本地垂跡」之說，神佛習合，故又稱「兩部神道」。案：「胎藏界」謂理之絕對界。理者萬有之大本，含藏育護萬物，猶母胎之含藏育護兒子也。「金剛界」，則對胎藏界而言，謂大日如來內證智德能破一切誘惑，其力銳利如金剛也。「本地垂跡」之「本地」，指佛菩薩之原尊本相；為濟渡眾生，可應機隨緣，化成某地神祇，是謂「垂跡」。日本佛教以天照大神等神道諸神為天竺阿彌陀佛之垂跡。

⑩「行者堂」，奉祀修驗道開山祖師「役行者」之堂，在光明寺境內。據《和漢三才圖會》等書，謂役小角，舒明五年（六三三）生。加茂役公氏，和州葛上郡茆原村人。少敏悟博學，兼仰佛乘。年三十二，棄家入葛木山，獨居巖窟三十餘載。藤葛為衣，松果為食，持孔雀明王咒。駕雲遊行，驅逐鬼神，以為使令。後載母於鉢中，泛海入唐。享年七十歲。案：修驗道修行者曰修驗者，或簡稱「行者」。苦行僧之類。拄金剛杖、佩大刀、留長髮、戴頭巾、披袈裟，吹法螺，以加持祈禱為事。常露宿深山峻嶺間，故俗稱「山伏」。

⑪原文：「夏山に　足駄を拜む　首途哉」。「夏山」泛指初夏北望所見陸奧群山，層巒疊嶂，新綠滴翠，頓使芭蕉豪情倍增。《菅菰抄》：「世傳〔役〕小角常著木屐，行險岨如平地。故此像必作著屐形。又《世說》載謝靈運著屐登山事。」案：《宋書・謝靈運傳》：「尋山陟嶺，必造幽峻。……登躡常著木屐。上山則去前齒，下山則去後齒。」役小角與謝靈運好著木屐之故事頗類似。據云，役小角塑像或畫像，類皆手握獨鈷（指密教金剛杵兩端不分股者，象徵大日如來獨一法界智慧），拄錫杖，著高齒屐。其祀在行者堂者當亦如斯。芭蕉瞻仰其像，拜過高齒屐，見古賢而思齊焉，乃勇往直前，開始第二段《細道》之旅，「上路去也」。

九、雲巖寺

下野國雲岸寺後①，有佛頂和尚山居遺跡②。嘗聞其言曰，曾以松炭書歌於岩上：

縱橫未五尺，
且住窄也寬。
若非風雨露，
何勞結草庵③。

①「雲岸寺」應作「雲巖寺」，岸、巖日文同音。位於今栃木縣那須郡黑羽町大字雲巖寺（黑羽町東方約三里處），傳為中國臨濟宗經山寺之分院，在日本則屬京都花園妙心寺派之禪寺。山號東山。有開山三佛塔，安置開山佛光國師（宋人）、開基佛國國師與二世佛應國師三和尚。芭蕉來訪時，應是幽邃閑寂之處。《下野風土記》記其寺領山林云：「人里遠，鳥聲幽。足下雲起埋山影，賓客稀至少塵囂。春則賞花十梅林中；夏則納涼飛雪亭邊，嘯玉几峰巔之月；冬則對玲瓏岩上之雪。四時雅興不求而有。風騷雅人之來此者，必起悲緒，惱亂心頭也。」

②佛頂和尚（一六四二—一七一五），禪僧。常陸國（今茨城縣）鹿島郡人。延保二年（一六七四），三十三歲，為鹿島根本寺二十一世住持。天和二年（一六八二）前數年間，因與鹿島神宮有爭寺領產權之訟，屢赴江戶，住深川海邊臨川庵，始與芭蕉訂交，並為芭蕉參禪之師。其後，貞享四年（一六八七），芭蕉曾攜弟子曾良、宗波訪之於鹿島根本寺賞月（見《鹿島詣》，一作《鹿島記行》）。佛頂與雲巖寺，關係非淺。據勝峰晉風《奧の細道創見》（一九四九）等考釋，延寶六年（一六七八）起即「時時往來不已」。元祿八年（一六九五）後，「山居」雲巖寺。其自筆

亟欲觀其跡，乃曳杖往雲巖寺；沿路人人相邀同行，中多青年，路上戲謔喧譁，不覺抵其山麓。山景深渺，谷道遙邃；松杉呈黛，巖苔滴水；卯月之天④，猶有寒意。十景盡處，渡橋入山門⑤。

然而遺跡究在何處？攀登寺後山崖，見一小庵，傍巖窟結於石上。如臨原妙禪師之死關⑥、法雲法師之石室⑦。即詠一句，留於柱上。

〈山庵記〉云：「寺之西南有岩窟，松杉攢立，石壁千仞也。往昔，佛國安禪古跡也。」可見佛頂之「山居」非其首創，乃佛國國師之所遺者。正德五年（一七一五）佛頂示寂於雲巖寺，年七十四。一說八十七。

③和歌原文：「竪横の　五尺にたらぬ　草の庵　むすぶもくやし　雨なかりせば」此歌漢譯第二句「且住窄也寛」，原文所無，敷衍歌意而加字譯之。「松炭」指松明之燼。松明即松炬。宋趙汝騰〈贈魏安石詩序〉：「魏子垂橐而歸，笑買松明一擔，曰：是可以資夜讀也。」在《伊勢物語》六十九段，有用松炭書寫半首和歌之韻事情節。

④「卯月」即陰曆四月，初夏天候。

⑤《東山雲巖寺舊記》所列「十景」：竹林塔、海岸閣、十梅林、龍雲洞、玉几峰、鉢盂峰、玲瓏巖、千丈巖、飛雪亭、水分石。另有「五橋」：無量橋、獨木橋、瓜瓞橋、涅槃橋、梅船橋。「山門」指佛寺外門。或曰當作「三門」，三解脫門（空門、無相門、無作門）之略，亦泛指寺院。芭蕉所渡之橋應是山門前之瓜瓞橋。又，十景之中，竹林塔、海岸閣、十梅林三景位於山門之內，故所謂「十景盡處，渡橋入山門」，不盡符合事實，籠統言之耳。

⑥「妙禪師」即高峰原妙（一二三八－一二九五），南宋臨濟宗高僧。參雪巖欽禪師於北磵而得法。《釋鑑稽古略續集》卷一：「（元世祖）至元己卯（一二七九），上天目西峰，入張公洞，匾曰『死關』，不出戶者十五年。學徒參請無虛日。僧俗受戒者幾數萬人。開山師子、大覺兩剎。是年乙未（一二九五）臘月朔也，焚香說偈，告眾坐亡。世壽五十七，僧臘四十。」案：僧侶受戒後之年數為「臘」。

⑦「法雲法師」，諸多古注，每據《續高僧傳》法雲條所謂「結宇孤巖，北面城市，懷澗隱嶺，窮人野之致」，而斷之為梁代三大法師之一成實宗學僧法雲（四六七－五二九）。近人諸注則以為應指前出「妙禪師」（高峰原妙）之高弟元僧中峰明本（一二六三－一三二三）。據《天目中峰

連啄木鳥
也不啄毀此庵
夏日林中⑧

廣錄》所附〈有元普應國師道行碑〉，中峰師事高峰於天目山。高峰圓寂後，中峰結庵「死關」旁，「身棲巖穴」（案：「巖穴」即「石室」乎？），號「幻住庵」，又居高峰所開道場師子院。起臥叢林中，與世隔絕，悟死禪修。傳至日本，成為「幻住派」之祖。中峰圓寂後，供於「法雲塔」，故有「法雲法師」之稱。芭蕉參禪之師佛頂和尚或亦承此「幻住派」之流者。

⑧原文：「木啄も　庵はやぶらず　夏木立」「木啄」（きつつき），啄木鳥。據日本傳說，大臣物部守屋（？—五八七）與蘇我馬子（？—六二六）不合，至動刀兵，豐聰太子助馬子，守屋敗北，並為太子武士跡見赤檮所殺。其後太子每造佛寺佛像，守屋冤魂則化為啄木鳥，加以啄破毀壞。太子亦以法術驅散之。故又名「寺啄鳥」（てらつつき）。芭蕉此句，蓋謂即使啄木鳥惡名昭彰，對「此庵」亦敬而遠之不敢妄加破壞；與上引佛頂和歌前後呼應，藉以彰顯佛頂之德，並表示芭蕉敬畏仰慕之深也。

一〇、殺生石、遊行柳

離此往殺生石①。承館代安排一馬相送②。其牽馬男子懇求欲得一詩箋云。聽其所願，應是通達風雅之趣者。

橫跨原野
請把馬首牽向
杜鵑啼處③

①據《隨行日記》，芭蕉於四月十六日（陽曆六月三日）離開黑羽，經高久訪名主（村長）高久五世角左衛門信親，因雨逗留兩夜。十八日抵那須湯本。翌十九日參拜溫泉神社（亦作「湯泉」，均讀ゆせん，又與「弓箭」諧音，連結弓箭名手那須與一射扇故事），觀看殺生石。「殺生石」，現存於今栃木縣那須溫泉神社後山腰，距黑羽約三十公里，海拔約一二〇〇公尺。據天野桃鄰（一六三九—一七一九）編《陸奧千鳥》（一作《陸奧鴴》，一六九七跋）：「殺生石：在此山間，見其割裂殘塊，凡七尺四方、高四尺餘。色赤黑。鳥獸蟲經過，往往死之。逢知死期者，亦至殞命。是以圍其十間四方，諸人不得入。石邊草木不育。毒氣仍濃。」案：「知死期」，據陰陽道命理，謂自知其死期已近者。至於有關殺生石傳說，請參〈八、黑羽〉章注④（玉藻妃故事）。

②「館代」，即淨法寺圖書高勝，俳號桃雪（見〈八、黑羽〉章）。《隨行日記》：「及晝，圖書遣人引馬來相送。馬於名為野間之處（今黑磯市）放回。其間貳里餘。」

③原文：「野を横に　馬牽きむけよ　ほとゝぎす」此句當是芭蕉寫與牽馬夫者。土芳編《蕉翁句集》引芭蕉為此句所作小序云：「那須野遙闊，

山陰溫泉湧出處，殺生石在焉。石之毒氣迄今未散④；蜂蝶之類，屍骸枕藉，幾至不見砂礫之色⑤。

又，彼清水潺湲之柳⑥，在蘆野里，仍留田畔云⑦。此地郡守戶部某⑧，屢勸宜往觀之，卻未審在何方，而今日終於至此柳陰之下矣⑨。

水田一片
插完秧後離去

彼邊有相識，擬訪之。某人以馬相送。其牽馬男子云：『請賜一句，可否？』懇求再三，奇而異之，乘興濡筆，在馬上書而與之。」

④實際上「石之毒氣」是殺生石附近地下噴出之硫化氫、二氧化碳、亞硫酸等有毒氣體。唯謠曲《殺生石》故事，既說妖狐（玉藻妃）受源翁和尚「回向」教化，已發誓去惡從善，不再放毒為害，何以毒氣卻仍存在，故曰「迄今未散」。案：「回向」，回眾善，向菩薩也。謂讀經念佛以渡死者，祈其冥福。

⑤「砂礫」，原文「真砂」（まさご），亦可譯為「細沙」。或以為真砂即砂礫或細沙之雅稱。

⑥此柳即俗傳之「遊行柳」，又名「朽木柳」、「道邊柳」。西行法師歌：「路邊有清水，清水自潺湲，且在柳陰下，駐足而盤桓」（道の邊に　清水流るる　柳蔭　しばしとてこそ　立ち止りつれ）（《新古今集》夏）。謠曲《遊行柳》寫遊行上人北上奧陸之際，與化為老翁之柳精邂逅，乃以法力使之成佛，且引用西行此歌，以其所詠之柳附會遊行上人所渡之柳精，因有「遊行柳」之稱。其實西行詠柳之歌原為題畫之作，並非芭蕉所見之柳，諸注多已提及。芭蕉之所以不用俗稱之「遊行柳」，而謂之「清水潺湲之柳」者，蓋欲藉連結西行之歌，以示其仰慕之情也。

⑦今栃木縣那須郡那須町蘆野，昔有蘆野氏營地與驛站。蘆野氏為「那須七騎」之一（見〈七、那須野〉注①），俸三千十六石。《隨行日記》四月二十日：「蘆野町盡頭，柵門之外，自茶屋松本市兵衛前左轉，行十町許，左方有鏡山。八幡大門通道之內，左方有遊行柳。」據近人描述，有新植柳樹，旁有芭蕉句碑；而所謂「清水」，則因耕地重劃而不在路邊矣。即使當年芭蕉所寫之「清水潺湲之柳」，恐亦非西行或後來歌人所詠之景之跡。（請參看加藤楸邨，《奧の細道吟行・上》，一九七四，頁一二八—一三〇；岡本勝，《「奧の細道」物語》，一九九八，頁一二四—一二六）。但就芭蕉而言，要在追慕前賢，激發思古之幽情，

彼清水
潺々
柳在
蘆野里
仍留
田畔去
水田一片
插完
秧後
離去
柳條
依々

柳條依依⑩

至其所訪所見之是真是假，是歷史抑傳說，是記實抑虛構，則與其創作美學無關宏旨也。案：芭蕉之後，另一偉大俳人與謝蕪村（一七一六—一七八三）亦曾尋訪「清水潺湲之柳」，留下一句云：「柳散　清水涸石處處」原文全用漢字，其意自明，和訓讀法：「やなぎちり　しみずかれいし　ところどころ」可見當時柳葉已枯，清水乾涸，遍地亂石矣。蕪村此句亦有句碑立於當地云。

⑧「郡守戶部某」指蘆野領主蘆野民部資俊。元祿五年（一六九二）歿，五十六歲。俳號桃醉。「郡守」為漢代地方官名，喻其「領主」之職。「戶部」為唐名，相當於其幕府官職「民部」。此種所謂「唐名」或「漢習」，自奈良、平安時代起特別在日本漢文學界頗為盛行。芭蕉雖為俳人，顯然亦不免有此習慣。

⑨「行至此柳陰之下」句，顯然蹈襲西行歌後半：「且在柳陰下，駐足而盤桓」（本章注⑤引）。對照原文，雖有「立ちどまりつれ」（駐足、止步）與「立ちより侍りつれ」（走至、靠近）之別，但視其用詞句構，如語尾「つれ」之奇特用法，蹈襲之跡甚為明顯。芭蕉終生仰慕西行法師，「而今日終於至此」法師曾駐足之「柳陰之下」，喜悅感激之餘，難免仿其語氣，古調新彈也。

⑩原文：「田一枚　植て立去る　柳かな」關於此句向來試作解釋者頗多，眾說紛紜，而爭議之焦點則在「中七」二謂語（「插秧」與「離去」）之主語問題。是「插秧姑娘」（早乙女，さおとめ）？抑是「芭蕉」自己？抑是「柳精」遊魂？抑僅指三者之一，如「早乙女插完秧後離去」，「芭蕉想像自己插完秧後離去」，「柳精幻影飛來插完秧後又離去」；或其中兩者之組合，如「早乙女差插完秧後，芭蕉自柳陰離去」等等，各有不同解釋。附舉於此，藉供參考。

二、白河關

日數徒增①，不勝焦灼；直至白河關，搖搖我心，始得安寧②。古人至此，欲藉便郵以告京師，良有以也③。此關為三關之一④，騷人雅士，尤心嚮往之⑤。秋風彷彿仍留耳際⑥，紅葉依稀猶在眼前⑦，今則樹杪蔥蘢，亦頗盎然有

①「日數」（ひかず）二字保留原文。在詠白河關（しらかはのせき，亦作白川關）古歌中，「日數」一詞已成套語，用之者甚多。如藤原秀茂：「出京日數冬已至，寒雨冷澈白川關」（都出し　日數は冬に　なりにけり　しぐれて寒き　白川の關）（《續古今集》羈旅）。津守國助：「欲往白川關，迢迢上東路。徒教日數增，秋風吹不住」（白川の　關まで行かぬ　東路も　日數經ぬれば　秋風ぞ吹く）（《續拾遺集》羈旅）。大江貞重：「揮別京秋日數積，積成白河關上雪」（別れにし　都の秋の　日數さえ　積もれば雪の　白川の關）（《續後拾遺集》冬）。源兼氏：「如期今朝到白川，越關行行知日數」（限りあれば　今日白川の　關越えて　行けば行かるる　日數をぞ知る）（《續後拾遺集》羈旅）等。（案：以上所引諸歌，皆見於昌琢編，《類字名所和歌集》，一六三一）。芭蕉在《細道》此章沿用「日數」一詞外，另有過白河關之句云：「稻秧芊芊　我臉卻成黑色　日數已多」（早苗にも　我色黑き　日數哉）（《隨行日記・俳諧書留》）。

②據《隨行日記》，芭蕉一行於四月二十日（陽曆六月七日）離開那須湯本，觀遊行柳後，經寄居、白坂，一路探詢白河古關遺跡，無所獲；夜宿

趣⑧。水晶白花上，覆以野薔薇，勝似飄雪之皚皚⑨。古人正冠整裝以過此關，清輔有文記其事⑩。

折水晶花
且當頭上髮飾
盛裝過關⑪

曾良

旗宿（今福島縣白川郡旗宿）。二十一日，參拜古關明神；登關山，拜「滿願寺」（真言宗）；路過白河，夜宿矢吹。案：白河關建於五世紀初，以防北方蝦夷入侵。至江戶時代，則為下野（關東）北入陸奧（東北）之疆界。雖然關口遺跡所在，人言言殊，仍為文人所嚮往。《細道》首章云：「仰望天際，雲興霞蔚，則思穿越白河關口。」足見芭蕉亦不例外。計自江戶深川啟程，已二十多日，故有「日數徒增，不勝焦灼」之感。

③平安中期歌人平兼盛（？—九〇〇），三十六歌仙之一，有〈過陸奧國白川關〉歌：「倘逢便郵客，寄語報平安，並告京中友，今過白河關」（便りあらば　いかで都へ　告げやらむ　けふ白河の　關は越えぬと）（《拾遺集》）。岑參〈逢入京使〉：「故園東望路漫漫，雙袖龍鍾淚不乾。馬上相逢無紙筆，憑君傳語報平安。」案：「便郵」原文為「便」（たより），消息、音信之意。就其文脈而言，當是日文「幸便」或「好便」之略；相當於漢語「便郵」。蘇軾〈菩薩蠻〉：「郵便問人羞，羞人問便郵。」王邁〈祭海豐宰顏養智文〉：「懷此美人，在天一方。物色便郵，將寄雙鯉。」

④「三關」指念珠（出羽國田河郡）、勿來（陸奧國菊田郡）與白河（陸奧國白河郡）等所謂「東國三關」。《細道》之後，又有「奧羽三關」之稱。

⑤等躬撰《陸奧名所寄》：「此乃陸奧入口，自古歌人心嚮往之；又代代遊行巡禮法師，亦多有留下和歌或連歌之發句者。自宗祇、兼載等連歌師，以至今日俳諧行腳者，所作發句多於他處云。」如西行有歌云：「白川關屋月漏影，有人凝望心中悲」（白川の　關屋を月の　もるかげは　人の心を　とむるなりけり）（《新古今集》羈旅）。

⑥能因〈宛轉至陸奧，詠白川關〉：「當時出京與霞共，秋風吹過白川關」（都をば　霞とともに　たちしかど　秋風ぞ吹く　白川の關）（《後拾遺集》羈旅）。能因（九九八—一〇五〇），俗名橘永愷，文章生。後剃

髮，號融因，又改號能因。住攝津國古曾部，故人稱古曾部入道。萬壽二年（一〇二五），三十八歲，曾往陸奧行腳。此歌應是當時所詠，為詠白川秋風代表作之一。

⑦源賴政歌：「京中仍見青蔥色，紅葉凋零白河關」（都には　まだ青葉にて　見しかども　紅葉散りしく　白河の關）（《千載集》秋下）。源賴政（一一〇四—一一八〇），平安後期之武將、歌人。馳騁於疆場與歌壇間。源、平爭霸，先依平家，後歸源氏，為平家軍所追殺。

⑧芭蕉與曾良於初夏過白河關，正值新綠蔥蘢季節。久富哲雄云：「回憶種種古歌，想像古歌所詠之情景（如能因之詠秋風、賴政之詠紅葉），面對眼前初夏之蔥蘢，更富情趣。蓋在思古之幽情上，疊之以目睹之實景，以收所謂二重凝視之效果，加深感動之力量。」（見氏著，《おくのほそ道全譯注》，頁八二—八三）。

⑨「水晶花」，日名「卯の花」，為「卯月花」之略（卯月即陰曆四月）。漢名「溲疏」，虎耳草科。落葉灌木，高約兩公尺。初夏，開萼鐘形小白花，花瓣五枚，雄蕊十枚，子房具三花柱，綴成穗狀，長可十五公分，可供藥用。「野薔薇」，原文「茨の花」，諸注因「茨」字讀音之異而有不同之認定，在此則採用「のいばら」，即野薔薇，或名「野玫瑰」。蔓性落葉樹，枝上有刺，初夏，枝頭開圓錐狀白色五瓣小花。據云，在白河關附近，比水晶花早開一週。案：譯文「勝似飄雪之皚皚」句，原文「雪にもこゆる心地ぞする」，或有解作「不顧在雪中越過〔白河關〕之心情」者，亦可備一說。

⑩藤原清輔（一一〇四—一一七七），平安末期重要歌人。所著《袋草紙》（約成於一一五八），博蒐歌合、歌人、歌集等之相關掌故，可謂集「和歌故實」之大成。其中有一則云：「有名竹田大夫國行者，下陸奧，過白川關日，特整裝束以行。人問何以故。答曰：『此乃古曾部入道（能因）詠「秋風吹過白川關」之處，豈可便衣而過？云云。』殊可讚許也。」

案：國行，藤源氏，平安後期人，生卒年不詳。又《西行上人談抄》載有橘為仲（？—一〇八五）出白河關故事，內容頗類似。但為仲之所以整裝，在於對護關諸神表示敬意，與國行出諸思古之幽情者，用意有所不同。

⑪原文：「卯の花を　かざしに關の　晴著かな」此為曾良之作。其〈俳諧書留〉亦錄有此句，並有前言云：「白河，不知誰人，整飭衣冠以過此關，事見清輔《袋草紙》。上古風雅，誠可銘感。」案：曾良隨師《細道》之旅，雲水行腳之身，非官非商，何來盛裝？姑且折花為飾，略表莊重之意云耳。

二、須賀川

思古懷遠，感慨係之，恍惚過關後，行道遲遲，不覺已渡阿武隈川矣①。左望會津根，高聳雲際②；右有岩城、相馬、三春之莊域③。回首常陸、下野之地④，但見山巒起伏，綿延為界⑤。行經所謂影沼，今日天陰，不見倒影⑥。

①「阿武隈川」（あふくまがは），源出今福島縣西白河郡旭岳，經白河關址之北折向北流，過須賀川、福島，於宮城縣岩沼附近東注太平洋。又作「大隈川」或「檜隈川」。歌枕，詠之者甚多。如〈陸奧歌〉：「天明霧漫檜隈川，送君留君意兩難」（阿武隈に　霧立ち渡り　明けぬとも　君をばや遣らじ　待てばすべなし）（《古今集》東歌）。

②「會津根」（あひずね），「根」字一作「峰」或「嶺」，訓讀同（ね）。即盤梯山，位於今福島縣耶麻郡猪苗代湖北方，海拔一八一九公尺。「盤梯」（ばんだい），亦書作「萬代」、「坂代」。佐久間義和編《奧羽觀跡聞老志》（一七一九）（以下《聞老志》）：「所謂盤梯山，是也。突出諸山，峻極高大，故稱會津嶺。」蓋謂會津藩之最高峰也。歌枕。〈陸奧國歌〉：「故國會津嶺，去遠無歸期；當綰同心結，繫我長相思」（會津嶺の　國をさ遠み　逢はなはば　偲ひにせもと　紐結ばさね）（《萬葉集》卷十四）。

③「莊域」為「莊」之譯，原指「莊園」（古時朝廷賜予貴族或寺社之私有地），但自莊園制度廢除後，則用以指非「天領」（幕府直轄）地區、領域或領地。《菅菰抄》：「岩城、相馬、三春，乃諸侯家之城地，人皆知

往須賀川驛⑦，訪俳名等窮者，應邀盤桓四、五日⑧。承其先問：「如何過白河關，有感懷之作否？」答曰：「長途困頓，身心俱憊，況風景奪魂，懷古斷腸⑨；且因越關之一心，竟不遑推敲之事，不能無憾焉。」乃吟一句以應之。

風流初嚐
關外奧州路上
插秧歌聲⑩

之，但俱非名勝。」亦即非歌枕。「岩城」，今福島縣磐城郡地方，時為內藤能登守義孝（七萬石）領地。其父俳號風虎、兄露霑，皆為芭蕉俳友。「相馬」，今福島縣相馬郡一帶，時為相馬彈正少弼昌胤（六萬石）領地。「三春」，以今三春町為中心之田村郡地區，時為秋田信濃守輝季（五萬石）領地。案：就路程而言，芭蕉所提三地在此時點，已過岩城。然相馬、三春則仍在須賀川之北，尚未見之。又，兩地次序，應先三春，後相馬；芭蕉蓋憑其記憶，或考慮朗讀音調效果，大致言之耳。

④「常陸」，今茨城縣，時為東海道十五國之一。「下野」，今栃木縣，時為東山道八國之一。

⑤概指橫亙常陸國、下野國間之八溝山脈與那須山系而言。芭蕉回首來時路，徒增鄉情也。

⑥江馬氏親《行囊抄》（一六九六自序）六六〈東遊行囊抄廿一〉引「某人之書」云：「影沼，陰天不見物影。往昔，遠望前路，水波茫茫，一望無涯。映飛鳥之影，馬蹄翻浪。按：影沼者，春夏之交，地氣上蒸映日，莊子所謂野馬也。田間遊氣也，是謂遊糸。近見乃知積氣使然。土人名其野為影沼，非無情趣也。」又據《卯花園漫錄》（一八二三）：「陸奧、出羽境內，春夏晴天時分，行走原野中，直視前方行人之跡，或遙望迎面而來之人，宛如涉大河；近而見之，則僅白沙之徑，並無水氣。問之當地人，告曰此地稱之為影浪，自古如此。」案：其地當在白河與須賀川之間，今福島縣岩瀨郡鏡石村鏡田附近。據諸多考釋，皆謂影沼並無積水，芭蕉經過時，早已有名無實，當屬海市蜃樓之類。

⑦今福島縣須賀川市。時為奧州仙台松前街道之重要驛站。據《行囊抄》所記，當時有驛宿七百餘間。芭蕉一行於四月二十二日（陽曆六月九日）抵達須賀川。

⑧「等窮」即「等躬」（又是芭蕉對同音漢字名詞之文字遊戲）。本名相樂伊左衛門（一六三八—一七一五），號乍憚，別號一爪子、乍憚齋、東籬

繼有脇句、第三句⑪，而終成連句三卷⑫。

此驛舍近鄰，有大栗樹，一避世僧隱棲其下⑬。因憶古人「山深拾橡實」之歌⑭，頓覺幽雅閑寂之趣。乃取詩箋而書之曰：

栗字書以西之木，
蓋與西方淨土有緣。
行基菩薩一生之杖與柱，
皆用此木云⑮。
人間冷漠

軒、藤躬等。傳為中畠城主結城晴常之裔，祖父代改姓相樂。時任須賀川驛長。頗有俳名，但非蕉門。大芭蕉六歲，相交多年，誼在亦師亦友之間。著有《蔥摺》、《伊達衣》、《陸奧名所記》、《蝦夷文談抄》等。據《隨行日記》，芭蕉與曾良寄宿等躬處，自四月二十二日至二十九日，共七宿，不止「四、五日」。

⑨陶潛〈雜詩〉：「眷眷往昔時，憶此斷人腸。」宋之問〈江亭晚望〉：「望水知柔性，看山欲斷魂。」潘岳〈西征賦〉：「眄山川以懷古，悵攬轡於中塗。」蕉門弟子土芳（一六五七－一七三〇）所著《三冊子》記芭蕉遺訓云：「師曰，臨絕景時，奪魂而意亂；見物而可取，縈懷不去，斯可寫句以靜心矣。或有不為所奪之情，而思之頻頻，猶不克諧，則亦宜寫之。不可倦而厭之。師在松島無句，慎重其事也。」

⑩原文：「風流の　初やおくの　田植うた」「風流」一詞沿用原文，含意等同或近似「風雅」，指優遊於詩歌文苑之趣。或曰風流之道、風雅三昧。此句上五與中七前四音「ふうりうの　はじめや」（風流初嚐），其初嚐者應不止奧陸秧歌之邊地風流，亦兼含傳統和歌之古質風雅也。《古今和歌集・真名序》（九〇五）：「風流如野宰相（小野篁，八〇二－八五二），雅情如中納言（在原業平，八二五－八八〇）。」芭蕉云：「倭歌風流，代有改易。」（〈常盤屋句合第八番評跋〉）。杉風致厚宛信引芭蕉之言云：「俳諧者風雅而已。風雅之論，不稍概見。我吟我樂耳。」其實芭蕉並非完全置之不論。如在〈笈の小文〉中談西行之和歌、宗祇之連歌、雪舟（等楊，一四二〇－一五〇六）之繪畫、（千）利休（一五二二－一五九一）之茶道時，以為藝道雖殊，而「一以貫之者」，無一非風流或風雅之道。「風雅者隨造化而以四時為友。……去夷狄，離鳥獸，隨造化而歸於造化。」又如〈許六離別詞〉（一六九三）云：「余之風雅，如夏爐冬扇，逆俗而無所用之。唯偶而吟誦釋阿（藤原俊成，一一一四－一二〇四）、西行之歌，明知無用遊戲，卻覺情趣盎

人間冷漠誰管花開花謝簷前栗樹

誰管花開花謝
簷前栗樹⑯

然。」其所謂「余之風雅」者，則幾乎專指和歌與俳諧而言矣。案：「夏爐冬扇」，語出後漢王充《論衡・逢遇》：「作無益之能，納無補之說，以夏進鑪，以冬奏扇；為所不欲得之事，獻所不欲聞之語，其不遇禍，幸矣。」

⑪此次句會，以芭蕉「風流初嚐」句為發句，等躬脇句，曾良第三句。據〈俳諧書留〉所錄，共連三十六句，是謂「歌仙」（請參〈一、漂泊之思〉章，注⑭）。與會者三人，故稱「三吟歌仙」。題曰：「於奧州岩瀨郡之內相樂伊左衛門宅」。日期：元祿二年卯月二十三日。

⑫俳諧連句百韻、五十韻或歌仙之完結（滿尾）者謂一卷。此處所謂終成「三卷」，似與事實不盡相符。芭蕉在等躬處，與等躬、曾良確有俳會「三吟歌仙」，前後三次，但除首次以「風流初嚐」為發句者外，餘皆不「滿尾」。另在別處亦有多次歌仙，唯僅有一次「滿尾」，則為「七吟歌仙」，即芭蕉、栗齋、等躬、曾良、等雲、須竿、素蘭等七人，在可伸栗齋處舉行，事見〈俳諧書留〉或等躬撰《伊達衣》（一六九九）等。據注家考校諸本，確認《細道》初稿本原作「一卷」，後改為「三卷」。尾形仂有說云：「蓋欲藉以強調主客乘興，而有重複俳筵之意，乃經推敲而改之。」（見氏著，《評釋》，頁一三二）。

⑬指釋可伸，俳號栗齋，俗名簗井彌三郎。生平不詳。

⑭「古人」指西行法師，有歌：「山深欲蓄滴岩水，俯拾橡實落地聲」（山深み　岩に垂だる　水溜めん　かつがつ落つる　橡拾ふほど）（《山家集》下〈入道寂然住大原寄自高野〉十首之一）。案：橡實又名橡子、橡斗、橡栗、橡果等，或簡稱橡。「拾食橡實」故事中國早已有之。《莊子・盜跖》：「古者，……民皆巢居以避〔禽獸〕。晝食橡栗，暮棲木上。」《列子・說符》：「夏日則食菱芰，冬日則食橡栗。」《晉書・摯虞傳》：「流離鄠杜間，轉入南山中，糧絕饑甚，拾橡實而食之。」《新唐書・杜審言附杜甫傳》：「出為華州司功參軍，關輔饑，輒棄官去，客

秦州，負薪採橡栗自給。」杜甫有詩云：「履穿四明雪，饑拾猶溪橡。」不勝枚舉。

⑮「栗」字析為「西」與「木」，而解作「西木」或「西之木」，引伸為西天或西方淨土之木。此種解字法，固不合六書之義，卻頗流傳於當時俳人之間，顯與佛教信仰或佛教想像有關。「行基菩薩」，奈良時代高僧。《元亨釋書》云：「釋行基，世姓高志氏。泉州大鳥（今大阪府，古和泉國）人。天智七年（六六八）生。及出胎，胞衣裹纏。母忌之，棄懸樹枝。經宿往見，出胞能言。父母大悅，收而鞠育。十五出家，居藥師寺。基事行化。遇嶮難，架橋修路，穿渠池，築堤塘。州民至今賴之。王畿內建精舍四十九處，諸州往往而在焉。天平七年（七三五，一說十七年）為大僧正。此任始於基。二十一年（七四九）正月，皇帝受菩薩戒，乃賜號大菩薩。二月二日，於菅原寺東南院右脇而寂。」案：查有關行基資料，未見有提及栗杖與栗柱者。唯鎌倉初期日本淨土宗祖師法然（一一三三—一二一二）之〈法然上人行狀繪圖〉，有「栗木書為西之木」之語。又云：「身為西方行人，頗覺親睦，是以用之多年。而老體於今，不堪行步。……有人饋以栗木杖，謂用此可參淨土，乃答之曰：『老來前路嘗思量，卻喜西木手杖情』」（老いらくの　行末かねて　思ふには　つくづく嬉し　西の木の杖）（井川定慶編，《法然上人傳全集》收）。由此觀之，行基愛用栗「杖與柱」之典故，應是附會法然故事而來，而芭蕉竟援用之，若實有其事。非不察也，是其虛構筆法有以致之也。

⑯原文：「世の人の　見付けぬ花や　軒の栗」此句為本章注⑫所提「七吟歌仙」之發句。案：《隨行日記》四月廿四日條：「過午，可伸庵有會。席上，蕎麥切麵。」即指此次俳會而言。據〈俳諧書留〉所錄，初稿作「隱居人家 有花無緣青睞 簷前栗樹」（隠家や　目だたぬ花を　軒の栗）其後，在《細道》定稿之前，又再修改過一次，成為：「雖不惹眼 孤芳寂寞堪依 簷前栗樹」（目にたたぬ　花を頼に　軒の栗）（詳尾

形仿，《評釋》，頁一三四—一三五）。等躬在《伊達衣》中，直接引用「須加川栗齋可伸」之言云：「余簷前栗樹，與行基一無因緣。唯採其實食之耳。往夏，芭蕉翁陸奧行腳之際，留下一句，邇來竟成人人之所愛矣。」後附一句云：「梅花清香　今朝可借用否　簷前栗樹」（梅が香を今朝は借すらん　軒の栗）。

一三、安積山、信夫里

辭等窮宅，行五里許，檜皮驛站外，有安積山①。離街不遠。此地多沼澤②。花菖蒲採割季節已近③，詢於人：「何草為花菖蒲？」然竟無知之者。尋覓沼畔，逢人便問：「花菖蒲花菖蒲？」不覺斜陽已掛山巔矣④。自二本松右

①據《隨行日記》，芭蕉一行於四月二十九日（陽曆六月十六日）巳時辭別等躬，離開須賀川，南迴遊覽石河瀧；折北至守山，拜本實坊、善法寺、大元明王等寺廟；渡阿武隈河，日落前抵郡山，住一宿。翌五月朔日，日出時離郡山，往檜皮驛。自須賀川至檜皮，兩日行程，皆以馬代步，所到之處，備受款待。《細道》所述，彷彿一日間事，蓋憚其煩而略之耳。「檜皮」即「日和田」（訓讀同：ひはだ），今福島縣郡山市日和田町。「安積山」或作「淺香山」（訓讀同：あさかやま），日和田町北約兩公里處之小山丘，今為安積山公園。《萬葉集》以來之古歌枕。如采女之歌：「安積山影猶可見，山井雖淺我情深」（安積山　影さへ見ゆる　山の井の　淺き心を　わが思はなくに）（《萬葉集》卷十六）。又如：「淺香山名淺，懷遠見深情，何以山井裡，隔斷佳人影」（あさか山　淺くも人を　思はぬに　など山の井の　かけ離るなむ）（《源氏物語・若紫》）。

②指「淺香（安積）沼」。佚名〈無題〉：「陸奧淺香沼，沼畔多菖蒲。花中有真意，繼繼相思苦」（陸奥の　安積の沼の　花かつみ　かつ見る人に　戀ひやわたらむ）（《古今集》戀歌四）。《隨行日記 》五月朔

折⑤，一覽黑塚巖⑥。夜宿福島⑦。

翌日晨，往信夫里⑧，尋忍草文字揚染石⑨。遠至山陰一小村，見有一石半埋土中。有村童來，告曰：「昔，石在此山之上。往來路人頗有亂採麥草以試此石者，村民不憤，推石落此谷中，石遂翻覆面下⑩。」是耶非耶？確有其事耶？

拔涮秧苗

日：「淺香沼，在左方，谷也。皆成田，沼少許。此處有水自山出，故谷中多田。古昔蓋皆沼也。山井在此西方三里處帷子村，有山井清水。」又等躬編《葱摺》（一六八九）：「淺香沼，今成田溝，奇形怪狀，可異也。」足見歌枕安積沼，芭蕉來時，已變田畝，溝渠縱橫，而所謂「此地多沼澤」云云，則僅在思古幽情之中矣。

③「花菖蒲」，原文「かつみ」，最早見於《萬葉集》（卷四〈中臣女郎贈大伴家持歌五首〉之一），以萬葉假名「勝見」二字當之。但自古以來，究為何物，或以為菰（又稱茭白），或以為菖蒲，言人人殊。芭蕉似亦不甚了了，故有「逢人便問」之舉。《菅菰抄》：「古曰勝見、曰菰者，或即今花菖蒲之類。」今從之。其「採割季節」，指五月五日端午節。鴨長明（一一五五？—一二一六）《無名抄》云：「或人曰，橘為仲（？—一〇八五，平安中期歌人）貶為陸奧國守，五月五日見家家插真菰，怪而問之。當地莊司云，此國自古迄今，不知插菖蒲事。及至故中將御館之時，謂今日〔端午〕，宜尋割菖蒲者插菖蒲於簷上。人告之曰，此國無菖蒲。對曰，然則，安積沼豈無花菖蒲乎？可用以代之。此〔端午〕插花菖蒲之始也。」案：「故中將」指藤原實方（？—九九八，平安中期歌人），於天德一年（九九五）左遷陸奧國守。「御館」為國守或領主之廳舍或官邸，引伸為對館主之敬稱。芭蕉之所以急於尋訪歌枕安積（淺香）沼而試圖辨認花菖蒲，除諸多古歌之外，當與上述實方典故不無關係。

④安東次郎以為芭蕉一行於五月初一「『日出時』，離開郡山，至檜皮（日和田）一里半，故其尋找歌枕，應在上午。而且已聽等躬說明，於其景觀亦不存任何幻想。雖然如此，芭蕉卻故意誇張其詞，謂逢人便問花菖蒲，以至『不覺斜陽已掛山巔矣』。若以《細道》為探訪歌枕之旅，則此段前往信夫里路上之寫法，其盡情揮灑處，可謂芭蕉文體潤色之代表作。」（見氏著，《おくのほそ道私注》，頁八六）。其實據《隨行日記》，芭蕉一行自郡山出發，尋訪淺香沼之後從二本松經黑塚至福島時，「日尚未

巧手利落如昔
信夫搨染⑪

全沒」，可見《細道》之虛構創作與實際行程之異。

⑤「二本松」，今福島縣二本松市。當時為丹羽左京大夫長次（十萬石）之城下町、奧州街道之驛站。距江戶六十六里五丁（約二六〇公里）。

⑥「黑塚」，歌枕。平兼盛（？—九九〇，平安中期歌人）有歌云：「聞說陸奧安達原，黑塚藏鬼可是真」（みちのくの　安達の原の　くろ塚に　鬼こもれりと　いふはまことか）（《拾遺集》雜下）。謠曲有〈黑塚〉（或題〈安達原〉）演述捉女鬼故事，大略謂：真弓觀音堂側有巖窟，一老女鬼棲其中。遇有旅客天黑在巖窟過夜，則殺之，吸其血，食其肉。紀州熊野東光坊阿闍梨祐慶施咒法，以行基所作如意輪觀音破魔弓射殺之。《隨行日記》：「〔阿武隈川〕彼岸有黑塚。小塚環植杉樹。附近有觀音堂。堂後有大岩石層層堆疊者，蓋古之黑塚歟。右邊植杉處，則為埋葬女鬼之墓。」

⑦「福島」，今福島市。當時為堀田伊豆守正虎（十萬石）之城下町。距江戶七十一里（約二七九公里）。

⑧「信夫里」，在陸奧國信夫郡岡山村山口（今福島市東北部）。《細道》原文不作「信夫の里」，而作「忍の里」者，蓋沿用古來多數歌枕寫法，以示芭蕉思古之情，擬古之筆也。

⑨河原左大臣源融（八二二—八九五），平安前期公卿，有歌云：「陸奧忍草染，搨紋亂如麻。問我心想誰，戀卿豈有它」（陸奥の　忍ぶもぢずり　誰ゆえに　亂れむと思ふ　我ならなくに）（《古今集》戀歌四）。「忍草」，日文別名「忘草」，亦即漢語「萱草」或「忘憂草」。《元祿版加注本・おくのほそ道》從古歌集中，選錄吟詠「忍摺り」、「忍の里」、「忍の山」、「忍の原」、「忍の渡」、「忍の岡」、「忍の浦」等之歌約五十首。「忍」字訓讀「しのぶ」，與地名「信夫」為同音假借。「文字搨染石」為「もぢ摺の石」之譯。《隨行日記》五月二日（陽曆六月十八）：「出福島。……乘船渡阿武隈川，岡部渡也。朝山

行十七、八町，谷間有文字摺石。圍以柵欄。有草葺觀音堂（即文知摺觀音）。有杉檜六七珠。……其地稱山口村。」據桃鄰編《陸奧千鳥》所記，石之大小，「長一丈五寸，寬七尺餘」。案：原文「もぢ摺」之「もぢ」，或用「文字」、「文知」、「毛地」等當字，而以「文字」一詞最常見，一般解為紋理或花樣。或曰，其原義字應是「捩」或「戾」（もぢ・る），有揉搓、擠壓、搓染、摩擦之意。宋張君房輯《雲笈七籤》卷卌四：「兩手相捉細捩，如洗手法。」又宋孫光憲《北夢瑣言》卷十：「命擣薑捩汁，折齒而灌之，由是方蘇。」至於「摺」（ずり），顯係「搨」字形近之誤。但在日文中誤用已久，且有取代正字之勢。「搨」亦作「拓」。簡言之，將紙張或布帛覆於碑石或器物上，以墨汁或染料摹印其文字與圖樣，謂之搨。故以「搨染」譯之。另有一說，《和漢三才圖會・綟摺草》：「古者奧州信夫郡出絹，名綟摺。其文如亂髮而美。……按：綟摺草，高五六寸，葉如初生稻苗而細軟，三月開花如穗而色淺赤。」

⑩《聞老志》卷十一〈信夫文字摺石〉條：「往昔，好事者磨麥葉於石上，則見所思之人影。近郊麥隴為之就蕪。故農夫惡之，壓倒其石而埋於土中。其石猶存焉」（原漢文）。芭蕉所述與此頗類似，必是基於當地流傳之故事，唯以轉述「村童」而非「里人」之言出之，則又是其出人意表之書寫技巧之一。

⑪原文：「早苗とる　手もとや昔　しのぶ摺」謂插秧姑娘在苗圃拔秧、涮洗、齊根、捆束等一連串動作，乾脆利落，彷彿目睹古代信夫搨染之製作過程，妙手天成，懷古之情，油然而生。案：「忍」或「信夫」與「偲」（しの・ぶ）同音雙關，有想念、追憶、緬懷之意。

一四、飯塚里

渡月輪渡，至瀨上驛①。聞佐藤莊司②遺跡在左方山際，約一里半處，謂飯塚里鯖野③。尋路而去，覓得一小丘，曰丸山。「此莊司舊館址也④。山麓有其大門之跡。云云。」聽人慇懃相告，一灑思古之淚。旁有古寺，佐藤一族之碑碣仍

①「月輪渡」，阿武隈川上另一渡頭，位於岡部渡下游月輪山麓之向鎌田（今福島市北郊），離文字摺石十餘町。「瀨上」，仙台松前街道驛站（今福島市瀨上町），距福島二里八町（約八・八公里）；飯坂溫泉道分歧點。

②指佐藤元治（一作基治，訓讀同，もとはる）。奧州平泉藤原秀衡（？—一一八七）家臣，為信夫郡莊司。因領內有溫泉，故有「湯莊司」之稱。其子繼信（又作次信，一一五八—一一八五）與忠信（一一六一—一一八六）歸附源義經，屢建奇功，同為「義經四天王」。據鎌倉後期《吾妻鏡》（或名《東鑑》）所記，文治五年（一一八九）源賴朝軍討伐藤原泰衡（秀衡二子）時，佐藤元治迎戰於福島南方石那坂，八月八日戰死，梟首厚樫山。另有一說，謂元治戰敗被俘，但於十月二日獲得恩赦云。案：源賴朝（一一四七—一一九九），鎌倉幕府第一代將軍。建久三年（一一九二）征服奧州藤原家，一統日本之後，拜征夷大將軍，開幕府於鎌倉。但不旋踵間，大權旁落。源氏雖五代續保將軍銜（至一二五二），但形同傀儡；北條氏以「執權」之名行世襲專政之實，直至鎌倉幕府滅亡（一三三三）。源義經（一一五九—一一八九），賴朝之同

在焉⑤。中有媳婦二人之墓⑥，最可哀憫。雖巾幗之身，而竟以英勇流芳百世，衣袂為濕⑦。墮淚碑亦不在遠矣⑧。入寺乞茶，見所藏義經之大刀、弁慶之背笈⑨，傳寺之寶也。

笈與大刀
同為五月擺飾
紙旗飄飄⑩

五月朔日之事也⑪。

父異母弟。因故曾獲奧州藤原秀衡之庇護，後來任平氏追討使，先破平家於屋島，繼滅平家於壇浦。但功高震主，賴朝不容，下追殺令。義經輾轉投奔奧州，唯秀衡已死，其子泰衡歸附賴朝。義經不敵，自盡於居所衣川館。年僅三十，是一悲劇英雄。請詳《平家物語》、《源平盛衰記》、《義經記》等軍記物語。

③「遺跡」指佐藤元治居城大鳥城及其周遭遺址，為諸多能劇、舞曲、淨琉璃等劇種所演歷史故事之著名舞台。「飯塚里鯖野」，當時信夫郡飯塚村佐場野（「鯖野」即「佐場野」，均讀さばの），今福島市飯坂町內。

④《聞老志》：「佐藤莊司館，在上飯坂村西，天王寺、中野村之間。稱大鳥城。鄉人謂之丸山城。」（原漢文）。「丸山」，今飯坂町內一小丘，佐藤元治居館舊址，又稱「館山」。在舞曲〈八島〉與淨琉璃〈八島〉中，源義經西上之際，設陣地於此。

⑤「古寺」指琉璃光山吉祥院醫王寺，為佐藤氏之菩提寺，以藥師如來為本尊，真言宗，傳為弘法大師空海所創建（八二八）。在大鳥城址之南（今福島市飯坂町平野）。《隨行日記》：「不入寺門。向西行，有堂。堂後方有莊司夫婦石塔。堂北側有兄弟石塔。」所謂「堂」，指醫王寺後院之藥師堂。「石塔」當指塔形墓碣。案：明梅膺祚編《字彙・石部》：「碣，碑碣，方者為碑，圓者為碣。」《細道》原文作「石碑」。

⑥指繼信、忠信兄弟之妻之墓碑。唯諸注指出，其碑並不在醫王寺，或已漶漶不可辨，故《隨行日記》、《陸奧千鳥》、《聞老志》等均未言及之。但在齋川（又作才川、佐伊川，今宮城縣白石市內）有奉祀兩人之甲冑堂。據井原西鶴（一六四二—一六九三）《一目玉鉾》卷一：「甲冑堂：有佐藤莊司二子次信（繼信）、忠信妻之遺像，著甲冑，以昔日之姿容雕為今日之木像。」《隨行日記》五月三日條亦記有往訪甲冑堂之路徑與距離。

⑦《菅菰抄》：「傳〔繼信、忠信〕兄弟戰死之後，二人之婦著甲冑，作征

當夜住飯塚[12]。有溫泉，入浴後，投宿民家。土間鋪以草蓆[13]，是一簡陋貧戶。無燈，藉地爐微光[14]，鋪寢具而臥。入夜，雷聲隆隆，雨頻頻下，臥處屋頂滴漏，蚊蚤猖獗，不能入眠[15]。宿疾復發[16]，幾至昏厥。短夜遲遲，天色漸明[17]，又上征途矣。昨夜病後，心神沮喪，步履蹣跚，乃雇馬至桑折驛[18]。前程尚遙，且帶此病，豈能無慮。然羈旅邊地之行腳[19]、捨身無常之觀念[20]，即

戰狀，以慰老母云。」橘南谿（一七五三—一八〇五）《東遊記》所記傳說，始末較詳。大要云，昔源賴朝舉兵鎌倉，其弟義經自奧赴援。臨行，佐藤莊司以其兩子繼信、忠信使隨之。其後，繼信戰死八島（屋島），忠信捨生京都，皆成異國之土。老母悲泣無日。媳婦兩人乃各著其夫婿甲胄，挾長刀，扮相勇武。大喊「如今我兄弟凱旋歸來也」。仿亡夫聲容風采，以示老母，稍慰其心。時人憫二媳之孝心，乃刻其姿容為木像以傳後世焉。

⑧《晉書・羊祜傳》云：「祜〔鎮襄陽〕。樂山水，每風景，必造峴山。置酒言詠，終日不倦。……疾漸篤，乃舉杜預自代。……尋卒，年五十八。帝素服哭之，甚哀。……南州人征市日，聞祜喪，莫不哀慟，罷市，巷哭者聲相接。吳守邊將士亦為之泣。……襄陽百姓于峴山祜平生遊憩之所建碑立廟，歲時饗祭焉。望其碑者莫不流涕。杜預因名為墮淚碑。」李白〈襄陽曲〉：「峴山臨漢江，水綠沙如雪。上有墮淚碑，青苔久磨滅。」《和漢朗詠集・懷舊》：「羊太傅早世，行客墜淚於峴山之雲。」案：羊祜（二二一—二七八）墮淚碑故事，經由唐李瀚撰《蒙求》，與日人所編《連集良材》（一六三一）或梅盛著《類船集》（一六七六）等啟蒙類書，已廣為人知，並非僻典。芭蕉之意，蓋謂眼前佐藤二婦之墓碑，即日本之墮淚碑，不必遠求諸中國晉朝矣。又日文詞組「不在遠」（遠きにあらず），為當時謠曲慣用語，如〈鵜飼〉：「夫地獄不在遠，眼前境界，不外惡鬼」（夫地獄遠きにあらず、眼前の境界、惡鬼外になし）。

⑨「笈」為箱型葛籠，行腳僧或修驗者馱在背後，可裝經卷、佛具、衣服、食器之類。據《隨行日記》五月二日條：「聞〔醫王〕寺有判官大人（源義經）之笈、弁慶手書之經。」《聞老志》卷十一：「寺中藏義經之笈、弁慶親筆《大般若》一卷、唐鏡、燕子等。」他如《陸奧千鳥》、《烏絲欄》等書所載，大致相同，並無《細道》所列「義經之大刀、弁慶之背笈」等物，故諸注多以為乃芭蕉虛擬以呼應所附之句者。「義經」，請

或死於道路，是亦天命也㉑。氣力稍復，縱橫闊步㉒，過伊達大木戶㉓。

參本章注②。「弁慶」，號武藏坊（?—一一八九），幼名鬼若丸。名見《平家物語》、《源平盛衰記》等軍記物語中，為源義經侍從，膂力無雙、武功過人。屢次護主脫難，終殉死於衣川之戰。後經《弁慶物語》及謠曲等演藝之渲染塑造，已成傳說化之英雄人物，為忠勇堅貞之典型與象徵。

⑩原文：「笈も太刀も　五月にかざれ　帋幟」《菅菰抄》引《類書纂要》云：「武人以端午，於習武之處，為穿楊之技，盡為鬪勇之戲。」又引《藤森社緣起》：「天應年中（七八一—七八二），異國蒙古來襲，祈於當社。五月五日，大風吹而波浪翻，蒙古悉滅盡亡。以此因緣，每年五月五日，祭神幸時，在地神人，鎧甲冑，帶弓箭。自爾以降，小男兒帶所作大刀等，以菖蒲飾之，稱菖蒲大刀。」（原漢文，略有改動）。案：在日本歷史上，「蒙古來襲」即所謂「元寇」，有兩次：一在龜山帝文永十一年（一二七四），一在後宇多帝弘安四年（一二八一），均在鎌倉時代。《藤森社緣起》謂在「天應年中」，應是誤記，或另有所指。又案：日文「菖蒲」與「勝負」同音雙關（しょうぶ）。大刀、笈之類，本非端午飾物，唯義經主僕與奧州因緣非淺，為紀念其悲壯事蹟，芭蕉特舉其遺物以誌追慕哀慟之意耳。〔紙旗〕，好古編《日本歲時記》（一六八八）：「紙旗繪以種種圖畫，掛長竿上，插於屋外，是謂のぼり（幟、幡）。有用絹者。或加長旒，謂之吹き長し（燕尾旗、圓圈飄帶）。朔日至五日，兒童以為玩樂。」今日日本端午節所掛「鯉幟」（こいのぼり），即由此演變而來。

⑪「五月朔日」即五月初一（陽曆六月十七日）。據《隨行日記》，實際是五月二日，芭蕉一行參觀醫王寺後，「午後陰。傍晚雨下，入夜增強。宿飯坂。入湯。」

⑫「飯塚」即飯坂溫泉。或以為飯塚位於入江野與佐場野之間，自成一村。或謂依芭蕉筆法慣例，用以泛指佐藤莊司遺跡範圍內諸村莊。

⑬「土間」，不鋪地板或榻榻米之地面房間，又稱土座。小野芳次郎《東北地方之民家》：「將起居間或收藏室之地面挖低，其上順次鋪以稻草、鑲邊或無邊草蓆等，在東北地方謂之土間。」（講談社文庫）。

⑭日本東北地區農家，在屋中挖出方形坑洞，燃以柴火，用來取暖、煮水、燒飯，是謂「圍爐裡」（いろり）。「地爐」為其漢譯。

⑮杜甫〈茅屋為秋風所破歌〉：「床頭屋漏無乾處，雨腳如麻未斷絕。」蘇軾〈連雨江漲〉：「床床避漏幽人屋，浦浦移家蜑子船。」《莊子・天運》：「蚊虻噆膚，則通夕不寐矣。」

⑯傳芭蕉患有痔瘡、疝氣、哮喘等宿疾。《隨行日記》未提此次「宿疾復發」之事，故注家多以為又是出於芭蕉虛構之筆。

⑰夏夜雖短，病苦纏身，難得捱到天明也。

⑱「桑折」，仙台松前街道上之驛站，在飯坂溫泉東約兩里處。今福島縣伊達郡桑折町。《隨行日記》五月三日：「離飯坂，至桑折二里。偶小雨。」未提「雇馬」事。

⑲「羈旅」一詞，漢詩文中屢見不鮮，如宋玉〈九辯〉：「廓落兮羈旅而無友生，惆悵兮而私自憐。」阮籍〈詠懷詩〉：「羈旅無疇匹，俯仰懷哀傷。」杜甫〈風疾舟中伏枕書懷三十六韻〉：「聖賢名古邈，羈旅病年侵。」又〈成都府〉：「自古有羈旅，我何苦哀傷。」芭蕉亦常用之，蓋與其人生即旅，無住為住之思想相符合也。

⑳「捨身」謂離俗界而入佛門也。或為弘法、修道、報恩而毀身或捨生。《觀無量壽經》：「捨身，他世必生淨國。」「無常」，謂世間一切法（案：法者，梵語dharuma。有形無形，一切萬有之稱），生滅流轉，不能久住。《涅槃經・壽命品》：「是身無常，念念不住，猶如電光暴水幻炎。」「觀念」一詞沿用原文，佛家語，真諦、覺悟也。又觀察佛體而思念其義諦之謂。

㉑《論語・子罕》：「子曰：……且予縱不得大葬，予死於道路乎。」朱子

注：「死於道路，謂棄而不葬。」儒家以「天」為宇宙之主宰；「天命」謂天所賦於人之運命、使命、壽命；或指自然法則，即天道。《易・萃・象》：「利有攸往，順天命也。」《中庸》：「天命之謂性，率性之謂道。」《孟子・離婁上》：「天命靡常。」

㉒「縱橫」沿用原文漢詞。有奔放不羈、隨心所欲、自由自在之意。《後漢書・李固傳》：「賓客縱橫，多有過差。」杜甫〈戲為六絕句〉：「庾信文章老更成，凌雲健筆意縱橫。」

㉓「伊達大木戶」指文治五年（一一八九），為迎戰源賴朝鎌倉軍，藤原氏奧州軍在厚樫山所築之柵壘，佐藤莊司殉難之古戰場。今福島縣伊達郡國見町。請參本章注②。《隨行日記》五月三日條：「桑折與貝田之間，有伊達大木戶現場（有山曰國見嶺）。越河與貝田間有福島領與仙台領之領界。」

一五、笠島

過鐙摺①、白石城②，入笠島郡③。不知藤中將實方之塚在何處④，問之於人，承教曰：「自此遙見右方山麓，有村里名蓑輪、笠島⑤。道祖神社⑥、遺物芒草⑦，至今猶存。」近來梅雨，路況奇惡，身心困頓，故遠眺而過。忽悟

①「鐙摺」，自陸奧國刈田郡越河村入齋川村入口處，今宮城縣白石市內。《聞老志》：「破鐙坂：齋川以西之羊腸，維石嚴嚴，嚼足毀蹄，一高坂也。是以馬憂虺隤，人痛嶮難。王勃所謂『關山難越』，於是可信。」案：所引王勃語，出〈滕王閣序〉。又據北華著《蝶遊》（一七四五序）〈附錄〉，源義經揮軍上洛（京都）時，經過此道，留有義經足跡云。

②「白石城」，今白石市，當時為伊達家臣片倉氏（一萬六千石）之城下町。原為奧州豪族白石氏莊域，源賴朝鎌倉軍討伐藤源氏時，助戰有功。慶長七年（一六〇二），當時仙台藩主伊達政宗改封臣下片倉小十郎景綱，世世襲封，直至明治四年（一八七一）。案：據《隨行日記》五月三日條：「同晚，宿白石。」《細道》則謂「過鐙摺、白石城，入笠島郡」，不提在白石過夜。芭蕉之「入笠島」，其實在五月四日（陽曆六月二十日）。

③「笠島郡」指名取郡指賀鄉笠島村（今宮城縣名取市愛島）。《菅菰抄》：「郡字當是莊、鄉等之誤。笠島非郡名。」芭蕉在《猿蓑》、《卯辰集》等處，則正確作「名取郡笠島」。又芭蕉一行雖「入笠島」，並未在此過夜。據《隨行日記》，五月四日辰時離白石，在岩沼參觀竹駒明

蓑輪、笠島之名，均與梅雨季節有緣⑧。

尋彼笠島
梅雨濛濛何處
泥濘道路⑨

神、武隈松（請參下〈一六、武隈松〉章），路上遠眺蓑輪、笠島後，直奔仙台。日暮抵達，「宿國分町大崎莊左衛門」。

④「藤中將實方」即藤原實方。「藤」為藤原之略。官至右近衛中將（九九一）、左近衛中將（九九三），故有「中將」之稱。長德元年（九九五）左遷陸奧守。三年後客死任地（請參〈一三、安積山、信夫里〉章，注③）。其生平事蹟散見於《今昔物語集》、《今鏡》、《古事談》、《源平盛衰記》等書，在「歌物語」中，已成傳說人物，至有「在原業平第二」之稱。關於其死，據《源平盛衰記》卷七〈笠島道祖神事〉：「實方乘馬，將過道祖神前。人諫曰，此神靈驗無雙，賞罰分明，宜下馬再拜而過之。……實方謂此粗鄙女神，無需下馬。鞭馬而過。神明成怒，懲罰馬與主人而殺之。」至於其塚，《聞老志》云：「有兩處。一則在鹽手村山畔（今名取市愛島鹽手北野三九地內）。一則在社北七町餘農家之後。……或曰：實方眷戀阿古野之松，故沒後送尸羽州，瘞千代山。下建寺曰唐松山萬松寺。」（原漢文）。

⑤「遙見右方」應為「左方」，恐是芭蕉誤記。《隨行日記》五月四日條：「笠島：岩沼、增田之間，在左方約一里。三輪、笠島村並列。過而不入。」案：「三輪」即「蓑輪」，又作「箕輪」，讀音皆同（みのわ），今在名取市內，笠島北方約四公里處。

⑥「道祖神」已見於〈一、漂泊之思〉章。其像往往作男女交配狀，或作男根、女陰之形，謂具有防禦邪魔入侵之力，以便保護旅客。據《源平盛衰記》卷七，此笠島道祖神，傳係出雲路道祖神之女，因故流放陸奧，卻極受當地男女所信奉。藤原實方不信之，因得神罰而人馬皆摔死。

⑦西行法師過實方塚，有歌云：「名兮不朽垂千古，枯野芒花見餘芳」（朽ちもせぬ　その名ばかりを　留め置きて　枯野の薄　形見にぞ見る）（《新古今集》哀傷）。

⑧「蓑輪」之「蓑」與「笠島」之「笠」，均為雨具，故云「與梅雨季節有

緣」。

⑨原文：「笠島は　いづこさ月の　ぬかり道」直譯：「笠島何處，五月泥濘路。」

一六、武隈松

宿岩沼①。

一見武隈松②，頓覺眼亮心開。根出地表，即分二株；風姿依然如昔③。因憶能因法師。往昔，有左遷陸奧守之人，砍伐此木為名取川橋樁，故有「此來松無蹤」之詠④。據云，代代或砍或重植，而今

①「岩沼」，陸羽街道與陸前濱街道會合處。驛站。古稱「武隈」，或書作「竹駒」（均訓たけくま）。貞享四年（一六八七）以後為仙台藩臣古內氏（八千石）領地，今宮城縣岩沼市。據《隨行日記》，芭蕉一行於五月四日（陽曆六月二十日）在岩沼訪竹駒明神、觀武隈松，但並未留宿。

②「武隈松」，名歌枕，古歌甚多。《隨行日記》：「岩沼入口左方有竹駒明神。其別當寺後有武隈松，圍以竹垣。」案：「別當寺」乃附屬於神社之社寺，在此指寶窟山竹駒寺，真言宗。武隈松在竹駒神社西北約五百公尺處。

③顯昭（一一三〇?—一二一〇）著《袖中抄》（一六五一刊）第十六云：「武隈松者，在陸奧武隈之二木松也。」《聞老志》：「今在岩沼城內。……二樹相並，枝葉繁茂。」又《陸奧千鳥》：「松有二榦，枝葉低垂，顯然名木也。」古歌所詠武隈松，多有提「二木」者。如橘季通歌云：「武隈有名樹，人稱二木松。京友如相問，同榦孿弟兄」（武隈のまつは二木を　宮古人　いかがと問はば　みきと答へむ）（《後拾遺集》）。可見自古以來，武隈松作同根孿生雙榦之形。芭蕉所見亦「分二株」，故謂其「風姿依然如昔」。

仍具千歲風貌，古松景致，可喜之至。

武隈孿松
務必邀客觀賞
有勞晚櫻⑤

此舉白江戶餞別之句也⑥，乃應之云：

休提櫻花
終見孿生古松
三月之後⑦

④「能因法師」，平安時代末期歌人，已見〈一一、白河關〉注⑥。能因「再度下陸奧，不見武隈之松」，有歌云：「重訪武隈地，此來松無蹤；容我千歲後，再來瞻尊容」（武隈の　松はこのたび　跡もなし　千歲を經てや　我は來つらむ）（《後拾遺集》）。案：藤原清輔《奧儀抄》（一六五二）云：「此松非古來之物。宮內卿藤原元善任內，初植於館前之松也。陸奧館在武隈。……此松燒於野火，源滿仲（九一二—九九七）任內再種之。其後又失於火，橘道貞任內植之。其後，孝義伐之以造橋。」《細道》所謂砍松造橋之人，當指「藤原孝義」而言。

⑤原文：「武隈の　松みせ申せ　遅桜」「晚櫻」原文「遲櫻」。陸奧春來遲，櫻亦較晚開。句意：有勞晚櫻，別自己花開花落，勿忘亦讓貴客，觀賞武隈名勝「二木松」。此句見於舉白撰《四季千句》（一六八九），題「贈芭蕉餞別」。

⑥「舉白」，草壁氏。芭蕉門人。從商，疑出身奧羽。元祿九年（一六九六）歿，年齡不詳。

⑦原文：「桜より　松は二木を　三月越シ」句意：晚櫻季節已過，不必再提。但在江戶分手三個月後終能親眼觀賞孿生「二木松」，不禁充滿興奮與感激之情。

一七、宮城野

渡名取川①，入仙台②。正逢插菖蒲之時③。尋得宿處，擬逗留四五日。此地有畫工名加右衛門者④，聞係有心人，稍解風雅，遂成相知。此人云：「年來，於勝跡之有其名而不甚瞭然者，已作查證矣⑤。」一日自任導遊⑥。見宮城野萩

①「名取川」發源於藏王山中，東流經仙台之南，注入太平洋。古歌枕。如壬生忠岑（平安中期歌人）：「聞道陸奧國，有河名取川，若稱無名子，苦海豈有邊」（陸奥に　ありといふなる　名取川　なき名取りては　苦しかりけり）（《古今集》戀三）。案：李肇《唐國史補》：「匿名造謗，謂之無名子。」或可用來漢譯「無き名」，謂無名之冤、暗中遭毀謗也。

②今宮城縣仙台市。當時為陸奥守伊達綱村（六十二萬石）之城下町，離江戶八十八里許。

③「插菖蒲之時」指陰曆五月初四，即端午節前一日。《隨行日記》五月四日：「黃昏抵仙台。其夜，宿國分町大崎庄左衛門。」日本民間自十世紀末以來，每逢端午即有插菖蒲於房檐以除邪氣之習俗。

④「加右衛門」，屋號北野屋，俳號加之，又號和風軒。大淀三千風（一六三七—一七〇七）門下。經營俳諧書肆。延享三年（一七四六）歿，生年不詳。

⑤據金澤規雄所著《おくのほそ道とその周邊》，當時仙台藩正進行藩內名勝歌枕之調查整理。加右衛門曾以談林系「仙台俳壇宗匠」大淀三千風之弟子身分，在天和二年（一六八二）至貞享四年（一六八七）之間，參與

叢之繁茂，想秋日花開之景色⑦。由玉田、橫野至躑躅岡，值馬醉木開花之時⑧。爰入松林中，日光不漏，地名木下⑨。蓋古昔亦露濃如斯，故有「請告諸侍從，人人戴斗笠」之歌⑩。拜藥師堂、天神御社等處⑪。日已云暮，猶畫松島、鹽竈等地之圖以相贈⑫。且餞以藏青染帶草鞋二雙⑬。果然是風雅成癡者，至此乃顯其本色。

玉田、橫野等地歌枕之勘查定位事宜。

⑥「一日」指五月七日（陽曆六月廿三日）。《隨行日記》：「七日，晴朗。北野加之加衛門同道，拜權現宮（即東照宮）。見玉田、橫野。詣躑躅岡天神，往木下。」

⑦「宮城野」，古來詠「萩」之著名歌枕。《隨行日記》所附〈名勝備忘錄〉：「仙台東方，木下藥師堂邊也。凡仙台城亦在宮城野之內。」古歌甚多，如佚名〈無題〉：「萩生宮城野，根疏露華濃。迎風每有待，只待與君逢」（宮城野の　もとあらの小萩　露を重み　風を待つごと　君をこそ待て）（《古今集》戀四）。案：「萩」（はぎ）與漢字原意有異，日文專用以稱「胡枝子」。和歌「秋七花」之一。豆科，多年生矮灌木。幹叢生，高至四五尺，葉三出複葉。枝長垂蔽地，狀似垂櫻。秋開小花，小唇形，白色或紫紅色。東夢亭撰《鉏雨亭隨筆》（《日本詩話叢書》第五冊收）：「萩，出徐葆光《中山傳信錄》。邦俗以隨軍茶、天竺花、胡枝子花之類稱萩。不當。余詩云：『花稱天竺或胡枝，未有佳名副豔姿。珍重中山傳信錄，草頭秋色令人知。』草頭秋，即萩字也。」案：徐葆光，清長洲人。康熙進士。曾使琉球敕封國王，著有《海船集》、《中山傳信錄》等。西行法師〈無題〉：「可憐草葉露欲滴，宮城野上秋風起」（あはれいかに　草葉の露の　こぼるらん　秋風立ちぬ　宮城野の原）（《新古今集》春歌下）。諸如此類，古歌多詠秋日萩花，而芭蕉一行至宮城野正值仲夏，只能憑古人古歌以想像「秋日花開之景色」耳。又案：所謂「秋七草」，最早見於山上憶良（六六〇－七三三）〈詠秋野花歌〉兩首。其一：「秋日花開原野上，屈指算來七種花」（秋の野に　咲きたる花を　指折り　かき數ふれば　七種の花）。其二（旋頭歌體）：「萩花芒穗 葛花瞿麥花 又有木蓮 澤蘭牽牛花」（萩の花　尾花葛花　撫子の花　女郎花　また藤袴　朝顏の花）（《萬葉集》卷八）。案：「旋頭歌」，指「五・七・七・五・七・七」共三十八音節之古歌體。現傳於世

端午菖蒲
套住雙足上路
草鞋帶子⑭

按其圖尋路前行，在奧之細道山邊⑮，見有十苻菅。至今仍年年編織十苻菅蓆以獻國守云⑯。

者僅七十多首，散見於《萬葉集》等古籍中。

⑧「玉田」、「橫野」、「躑躅岡」，皆古歌枕。平安後期歌人源俊賴（一〇五五？—一一二九）：「繫住玉田橫野馬，躑躅岡上梫花開」（取りつなげ　玉田橫野の　放れ駒　つつじの岡に　あせみ咲くなり）（《散木奇歌集》）。「橫野」在仙台東郊。「玉田」在東照宮東北丘上萬壽寺附近。「躑躅岡」在仙台之東、宮城野原之西。《聞老志》：「躑躅岡在南目村。有高岡，謂山榴岡。」今之榴岡公園。案：躑躅岡、山榴岡、榴岡，訓讀皆同（つつじがおか），均指一地。「馬醉木」即「梫木」，杜鵑科，常綠灌木，高達三公尺。春日枝頭開壺狀小白花。馬誤食之則中毒，故又稱馬醉木。日文多以假名標之，有「あせび」、「あしび」、「あせみ」、「あしみ」等寫法，因時、因地、因人而異。又案：芭蕉訪躑躅岡在五月上旬，馬醉木花季已過，進入結實期矣。可謂失之交臂，而云「值開花之時」，則不免畫餅耳。

⑨「木下」，今仙台市木下町。宮城野原之南，藥師堂、國分寺舊蹟一帶。《聞老志》：「木下喬林，〔南目村〕有平林。建白山權現、牛頭天王神祠善遊閣。古木老樹，森森相圍，翠松清杉，鬱鬱相交。」

⑩〈陸奧歌〉：「請告諸侍從，人人戴斗笠。宮城野木下，露滴勝雨粒」（みさぶらひ　御笠と申せ　宮城野の　木の下露は　雨にまされり）（《古今集》東歌）。

⑪「藥師堂」，設於原陸奧國分寺金堂故址，奉祀藥師如來與十二神將。慶長十二年（一六〇七）仙台第一代藩主伊達政宗重加整修，今為國寶級建築。「天神御社」指躑躅岡天滿宮，在今榴岡公園東南，為第四代伊達綱村於寬文七年（一六六七）所重建者。

⑫詳後〈一九、末松山、鹽竈浦〉章。

⑬仙台特產，當地稱「切緒草鞋」，以藏青色染麻繩為草鞋帶。據《隨行日記》五月七日，除草鞋兩雙外，加衛門又持贈土產「乾飯一袋、海苔一

包」。

⑭原文：「あやめ草　足に結ん　草鞋の緒」案：草鞋既非菖蒲所編，鞋帶亦非菖蒲所績，而謂以菖蒲套雙足者，蓋正值端午之後，遙望前程迢迢，欲藉菖蒲以驅邪保平安也。

⑮此「奧之細道」，指仙台東北部，岩切村（今仙台市內）東光寺門前附近，沿冠川之「鹽釜街道」。貞享四年（一六八七）春，大淀三千風始列「奧細道」為仙台三十八景之一（「奧州龜岡八幡宮遠眺詞三十八景品定」）。

⑯「十苻」亦作「十符」、「十府」或「十編」（とふ），應是同音當字。非地名。「十苻菅薦」謂以菅草，十縷為一目（節），編織而成之薦蓆。原為陸奧國各地所出，後成岩切村附近之名產。高野幽山編《俳枕》（延保八年，一六八〇）：「十符菅：宮城郡仙台與鹽釜之間，岩切村邊。」歌枕。源俊賴《俊賴髓腦》所收佚名古歌：「陸奧十苻菅草蓆，君睡七分我三分」（陸奧の　とふの菅菰　七ふには　君を寢させて　三ふに我寢む）。「國守」即一國之主或藩主，通稱大名。此處指仙台藩伊達家。

一八、壺碑

壺碑①在市川村多賀城②。
壺碑高六尺餘，寬約三尺③。
剜苔剔蘚，文字隱約可辨④。
先誌四維國界里數⑤。曰⑥：
「此城，神龜元年，按察使
鎮守府將軍大野朝臣東人之
所置也⑦。天平寶字六年⑧，
參議東海東山節度使同將軍

---

①「壺碑」，傳為平安初期武將坂上田村麻呂（七五八—八一一）以征夷大將軍討伐蝦夷時，以弓弰在石上書「日本中央」之古碑。歌枕。如西行法師：「每憶陸奧多雅事，壺碑亭外濱風吹」（むつのくの　奥ゆかしくぞ　思ほゆる　つぼのいしぶみ　そとの濱風）（《山家集》下）。源賴朝：「遠懷陸奧國，只憑石一枚。蝦夷不了了，盡寫在壺碑」（みちのくの　いはでしのぶは　えぞ知らぬ　書き盡くしてよ　つぼのいしぶみ）（《新古今集》雜下）。寬文年間（一六六一—一六七三），仙台藩伊達家四代綱村之世在多賀城址發掘一古碑，時人即與壺碑混為一談。芭蕉所見者當是此「多賀城碑」，然於其真偽則似未置疑也。唯近代作家如正岡子規（一八六七—一九〇二）或中山義秀（一九〇〇—一九六九）等人則以為「此無疑是天平之物」而加以肯定。詳見中名生正昭《奥の細道の謎を讀む》（東京南雲堂，一九九八），頁一三八—一三九。案：「天平」為聖武天皇年號（七二九—七四九）。又「天平文化」，日本文化史上時代名稱，泛指奈良時代（七一〇—七九四），接受唐朝文物制度而興起之「貴族文化時代」。

②當時在宮城郡內，今多賀城市市川。「多賀城」，曾良〈名勝備忘錄〉：

惠美朝臣朝獦修造也⑨。十二月朔日⑩。」一則當在聖武天皇之世⑪。古來吟詠歌枕而傳世者雖多，但山崩河移，道改路變，碑石埋土中，樹老而幼木代之。時過物換，其遺跡皆湮沒難詳。至於此碑，無疑千載遺物，今在眼前，可閱古人之心。是行腳之一德⑫、存命之喜悅⑬；渾忘羈旅之勞，而淚亦潸潸然矣⑭。

「自仙台約二里半。市川村上有多賀城跡。」多賀城原為經略蝦夷之基地，置有鎮守府與陸奧國府。《續日本紀》養老六年（七二二）八月條：「使諸國司簡點柵戶一千人，配陸奧鎮所。」據南北朝時代南朝公卿北畠親房（一二九三—一三五四）所著《職原抄》（約成於一三四〇）：「聖武天皇〔神龜〕元年（七二四）陸奧國內又置鎮守府。府、國相並，分行國事。」

③根據實際測量，全長六尺一寸五分（約一・八六公尺），寬三尺三寸餘（約一公尺），厚一尺。諸注各有不同尺寸，但大致皆頗為相近。

④後素堂著《奥のほそ道解》（一七八七）以為原文「苔を穿ちて文字幽也」，應出自韓愈〈石鼓歌〉「剜苔剔蘚露節角」句。案：「節角」謂文字之筆畫稜角也。

⑤「四維國界里數」，與四方各國之距離也。四維指：乾（西北）、坤（西南）、艮（東北）、巽（東南）。碑額有大「西」字；碑面右（前）半如下：

「多賀城　去京一千五百里
去蝦夷國界一百二十里
去常陸國界四百十二里
去下野國界二百七十四里
去靺鞨國界三千里」

案：「靺鞨」在唐代屬渤海國，以中國為宗主。隋唐時代與日本時有使節往來。

⑥《細道》所錄，略有刪節與誤字（誤字已在譯文中逕行訂正）。據大淀三千風《松島眺望集》（一六八二）所載模刻本，原碑全文分行如下：

「此城神龜元年歲次甲子按察使兼鎮守將
軍從四位上勳四等大野朝臣東人之所置
也天平寶字六年歲次壬寅參議東海東山

節度使從四位上仁部省卿兼按察使鎮守
將軍藤原惠美朝臣朝獦修造也
天平寶字六年十二月一日」

其後，江戶時代注家多徵引之。至如鴻池村徑《おくのほそ道鈔》（一七五九）、佚名《元祿版加注本》、葛菴舍來著《奧細道洗心抄》、鳩屋嘯秋撰《句解和談奧の細道》（天保一八三〇—一八四四年間）、京大本《於久埜保楚道》等注釋本，則各附有碑形「繪圖」，以示其本來面目。詳西村真砂子、久富哲雄編《奧細道古註集成Ⅰ》（東京笠間書院，二〇〇一），頁二六〇—二八〇。

⑦「此城」指多賀城。「神龜元年」是聖武天皇即位之年（七二四），始在陸奧國設置鎮守府（參本章注②）。案：《續日本紀》養老三年（七一九）「始置按察使」於諸國，派駐將軍，以監察地方政情與民風。至寶龜年間（七七〇—七八〇）廢止，但陸奧、出羽兩國則存而不廢。北畠親房著《職原抄》：「按察使，相當從四位下，唐名都護。近代納言以上兼之。……元正天皇養老二年（當是三年七一九之誤）置按察使以監察兩國（陸奧、出羽）之事。」「大野朝臣東人」：大野東人（？—七四二），奈良時代武將。經略蝦夷，築多賀城，平夷有功。聖武天皇天平十一年（七三九），官至參議，任「陸奧國按察使兼鎮守府將軍大養德守從四位上勳四等」。所謂朝臣，指天武天皇之世（在位六七三—六八六）所定八色姓之第二等。至平安時代，「朝臣」二字之適用規定（位階、職等、方式等），則更為複雜。又案：「大養德」，讀やまと，當是「大和」一詞之當字。大養德守即大和國守也。

⑧太平寶字六年歲次壬寅（七六二），奈良時代淳仁天皇年號（七五七—七六五）。

⑨「參議」：太政官（國政最高機關）內所設官職，地位僅次於大臣（太政大臣、左、右、內大臣）、納言（大、中、少納言）。《職原抄》：「參

壺碑堂

此碑無疑千載遺物今在眼前可閲古人之心是行脚之一德存命之喜悦渾忘羈旅之勞而涙亦潸々然矣

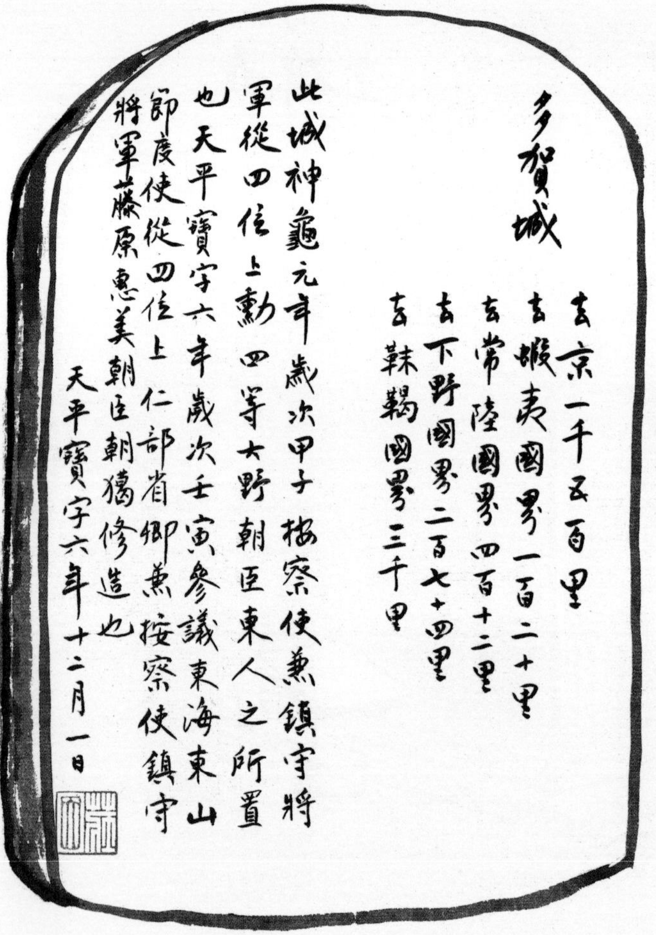
多賀城
去京一千五百里
去蝦夷國界一百二十里
去常陸國界四百十二里
去下野國界二百七十四里
去靺鞨國界三千里
此城神龜元年歳次甲子按察使兼鎮守將
軍從四位上勳四等大野朝臣東人之所置
也天平寳字六年歳次壬寅參議東海東山
節度使從四位上仁部省卿兼按察使鎮守
將軍藤原惠美朝臣朝獦修造也
天平寳字六年十二月一日

議八人。唐名諫議大夫、相公、八座。參議，諸官中四位以上，其有才之人，奉敕參議官中政事之意。」「惠美朝臣朝獦」即藤原朝獦（？—七六四，獦字一作獵或狩），奈良時代官僚。天平寶字年間（七五七—七六四），任陸奧國按察使兼鎮守府將軍、參議、仁部省卿、東海東山節度使。因其父惠美（藤原）押勝謀反而株連伏誅（七六四）。案：天平七年（七三二）在全國始置東海、東山、山陰、西海四道；並仿唐制，各道設節度使。（東海道包括伊賀、伊勢、志摩、尾張、三河、遠江、駿河、甲斐、伊豆、相模、武藏、安房、上總、下總、常陸諸國。東山道包括近江、美濃、飛驒、信濃、上野、下野、磐城、岩代、陸前、陸中、陸奧、羽前、羽後諸國）。「同將軍」：為原碑「按察使鎮守將軍」之略。又原碑所提「仁部省」為「民部省」漢化之稱，其最高長官為民部卿（仁部省卿）。

⑩「十二月朔日」：原碑作「天平寶字六年十二月一日」。

⑪壺碑之「始置」在「天平寶字六年」，淳仁天皇之時，非「聖武天皇之世」。多賀城築於聖武天皇「神龜元年」，亦勒於碑上。芭蕉將兩事混為一談，注家多有指出其誤者。

⑫「一德」沿用原文，即「一得」，謂收穫、福報也。芭蕉在《笈の小文》中，言及行腳之德云：「於山野海濱之美景見造化之功，或追慕無依道者之跡，或窺風流雅士之情實。」

⑬兼好法師（一二八三？—一三五〇？）《徒然草》九十三段：「人恨死而愛生，存命之喜悅，豈可不日日樂之乎。」

⑭韓愈〈石鼓歌〉：「嗟余好古生苦晚，對此涕淚雙滂沱。」

一九、末松山、鹽竈浦

繼訪野田之玉川①與沖石②。末松山造寺曰末松山③。松樹之間皆墳墓。比翼連理之誓④，終歸如斯，徒增傷悲。至鹽竈浦⑤，聞催晚課之鐘聲⑥。梅雨已稍放晴，黃昏月微光下⑦，籬島亦近在眼前矣⑧。漁夫連舟搖櫓歸來，分

---

①《隨行日記》五月八日（陽曆六月二十四日）：「未刻抵鹽竈。喫開水泡飯。巡覽末松山、興井、野田玉川、盧橋、浮島等而歸。先觀鹽竈之釜。」「野田之玉川」：今多賀城市與鹽竈市界上之細流，在「多賀城碑」之東約兩公里。《聞老志》：「在鹽竈村以南。往昔有河，潮汐亦來往。石瀨之處，浮光耀金；深潭之地，清影沉璧，皆為月得嘉名。如今為廢地，唯遺野田溝梁耳。」富田伊之《奧州記行》（一七七七）：「野田玉川，今為約三尺寬之下水溝。」古歌枕。能因法師有〈下陸奧時詠〉：「陸奧黃昏汐風過，野田玉川千鳥鳴」（夕されば　汐風越して　みちのくの　野田の玉川　千鳥鳴くなり）（《新古今集》冬）。按：「千鳥」（ちどり）即「鴴」，涉水鳥類，喜棲低濕海濱或沼地中。長約二十五至四十公分。順德天皇（一一九七—一二四二）歌：「遙望陸奧玉川水，汐風吹皺冰月影」（みちのくの　野田の玉川　見わたせば　汐風越して　冰る月影）（《續古今集》冬）。

②「沖石」（おきのいし），水中浮石也，因係專有名詞，故沿用原文漢字。有池曰沖井（或作興井、招井）。池中有石曰沖石（或作興石、瀛石等）。《聞老志》：「興井，未詳其地。相傳同郡（宮城郡）八幡農家中

發漁獲之聲，此起彼伏，乃知古人詠「可憐拉縴人」之意⑨，不禁感慨係之。是夜，有盲人法師彈琵琶，說唱所謂奧淨琉璃⑩。既非平家琵琶，亦非幸若舞曲⑪。土裡土氣，引吭彈唱。雖近在枕邊，然其不忘邊域之遺風，誠可欽佩。

有小池。池中奇石礧礧，佳狀可愛。州人古來稱曰興石。……俗子以為二條院讚岐沖石之詠，指此石。」《陸奧千鳥》亦云：「八幡村百姓家後有興井。中有三間（約五・四六公尺）四方之岩石，周圍為池。當地人謂沖石。」其實，根據近人考證，所謂沖石乃仙台藩伊達家於寬文九年（一六六九）後，附會相關古歌而設定之歌枕。二條院讚岐（一一四三－一一六五）：「落潮仍不見沖石，誰知雙袖淚難乾」（わが袖は　汐干に見えぬ　沖の石の　人こそ知らね　乾くまもなし）（《千載集》戀二）。又平安前期女歌人小野小町（生卒年不詳）〈沖井宮島〉：「焚身沖井固可悲，悲莫悲兮京島別」（おきのゐて　身を焼くよりも　悲しきは　宮こ島べの　別れなりけり）（《古今集》墨滅歌）。案：歌中首句「おきのゐ」，又有書作「熾火井」，而解為「置身烈火中」者。「宮こ」（みやこ）或以「宮處、京、京師、都」等漢字當之。「島べ」（しまべ）即「島邊」。案：注釋者多以「宮こ」與「島べ」）為地名，唯確實所在，迄無定論。或以前者為繁華之都城；而以後者指偏遠之荒島，以喻天各一方，兩地相思之苦也。

③地名「末松山」訓讀「するのまつやま」，寺名「末松山」音讀「まつしょうざん」。今屬宮城縣多賀城市八幡。歌枕。〈陸奧歌〉：「思君若是心有異，海浪應漫末松山」（君をおきて　あだし心を　わが持たば　末の松山　浪も越えなむ）（《古今集》東歌）。藤原興風，平安前期歌人（生卒年不詳）〈寬平御時后宮歌合之歌〉：「雪落霏霏瀰海浦，看似白浪漫松山」（浦近く　降り來る雪は　白浪の　末の松山　越すかとぞ見る）（《古今集》冬）。《奧細道通解》引《名所圖繪》云：「末松山指興石上方之山。有寺（末松山鄰障寺）。寺林後有高丘，青松數株，是其舊地也。去海邊數里，然從丘上望之，遠海白浪彷彿將越此丘而來。」寺指鄰障寺，又稱林松寺（林松、鄰障讀音同，りんしょう），原為青龍山圓福寺（今瑞巖寺）之分院，後經八幡邑主天童賴澄（一六一一卒）修

有盲人法師
彈琵琶說唱
所謂奧淨琉璃土
裡土氣引吭彈唱
其不忘邊域之遺風誠可欽佩

建。賴澄死後，以其謚號「寶國寺殿」為寺名，改稱「末松山寶國寺」。
④據尾形仂《おくのほそ道評釋》，末松山鄰接墓場，有巨松兩株，枝椏交叉，作連理狀。白居易〈長恨歌〉：「在天願作比翼鳥，在地願為連理枝。天長地久有時盡，此恨綿綿無絕期。」《源氏物語・桐壺》：「朝夕口頭比翼連理之誓，而今竟幽明永隔。命也如此，恨無絕期矣。」〈古詩〉：「驅車上東門，遙望郭北墓。白楊何蕭蕭，松柏夾廣路。……人生忽如寄，壽無金石固。」〈孔雀東南飛〉：「東西植松柏，左右種梧桐。枝枝相覆蓋，葉葉相交通。中有雙飛鳥，自名為鴛鴦。」
⑤原名千賀浦，今稱鹽釜灣。《聞老志》云：「斯地也，商船所輻輳，漁船所集會。有商賈之利、漁鹽之便，所以豐饒繁華之地也。」歌枕。《類字名所和歌集》列舉三十多首詠鹽竈之歌。如紫式部（九七八—一〇一六？），《源氏物語》作者：「黃昏有人煙消後，鹽竈之浦覺更親」（見し人の　煙となりし　夕べより　名ぞむつまじき　鹽竈の浦）（《新古今集》哀傷）。〈陸奥歌〉：「悔教夫婿赴京去，依戀鹽竈籬島松」（わがせこを　都にやりて　鹽竈の　籬の島の　まつぞ戀しき）（《古今集》東歌）。案：日文「松」與「待」，訓讀同（まつ），意雙關。
⑥馬場錦江《奧細道通解》：「聽寂滅為樂之響，加深觀相之思。」《平家物語》卷第一：「祇園精舍之鐘聲，有諸行無常之響；娑羅雙樹之花色，顯盛者必衰之理。」
⑦藤原清輔：「風吹鹽竈晴浦霧，澄月遍照八十島」（鹽竈の　浦吹く風に　霧晴れて　八十島かけて　澄める月影）（《千載集》秋上）。
⑧「籬島」（まがきがしま），或作「笆島」、「瑞籬島」等。歌枕，常與鹽竈連用（請參本章注⑤）。鹽釜灣內一小島，在鹽竈東方十餘町。島上有小神社，祀笆籬明神。
⑨所謂「古人詠『可憐拉縴人』」者，注家所舉古歌，有〈陸奧歌〉：「陸

奧多勝景，隨處任流連。行舟鹽竈浦，拉縴最可憐」（陸奧は いづくはあれど 鹽竈の 浦こぐ舟の 綱手かなしも）（《古今集》東歌）。或源實朝：「世間多變化，事事與願違；漁舟划海岸，拉縴最可悲」（世の中は 常にもがもな なぎさ漕ぐ あまの小舟の 綱手かなしも）（《新敕撰集》羈旅）。

⑩「奧淨琉璃」：流行於奧州之一種地方說唱曲藝，又名「仙台淨琉璃」，當地亦稱「御國淨琉璃」。平常以摺扇打拍，或以三弦伴奏。芭蕉所聽者則以琵琶彈之，豈是奧淨琉璃之成習乎。

⑪「平家」即「平曲」，或「平家琵琶」之簡稱。鎌倉時代起，由盲目和尚以琵琶彈唱《平家物語》故事，謂之「平家琵琶」，流行至江戶末期始衰。「幸若舞」，亦稱「舞舞」，始於室町時代（一三三六—一五七三）桃井幸若丸直銓所創舞曲。採用佛教「聲明」，伴以鼓、笛，輔以扇拍子，邊歌邊舞，演述故事，盛行於江戶時代。案：「聲明」，《西域記》二云：「今此聲明唯論音曲，誦文有高下，唱偈有屈曲。」即佛曲或梵唄也。

二〇、鹽竈明神

凌晨詣鹽竈明神①。國守之所重建者也②，殿柱巨大，彩椽豔麗；步步石階，高可九仞③；晨曦照玉垣④，朱漆燦然。此旅途之天涯、塵土之境界⑤，而諸神顯靈，乃如此其盛；固屬吾國風俗⑥，而益覺可貴矣。殿前有古寶燈籠⑦，

①《隨行日記》五月九日（陽曆六月二十五日）：「辰刻，拜鹽竈大明神。」「鹽竈明神」即鹽竈神社。在今鹽竈市西北部一森山，自古為鎮護陸奧國第一神宮。奉祀鹽土老翁神（別宮）、武甕槌神（左宮）與經津主神（右宮）三神，合稱陸奧國一宮正一位鹽竈大明神。社領四百石。

②「國守」指仙台藩主伊達政宗。《聞老志》：「慶長十二年丁未（一六〇七），前太守黃門政宗卿……修造。是歲六月廿日落成。」芭蕉一行之所詣，則為寶永元年（一七〇四）伊達吉村所重修者。

③古時七尺或八尺為一仞，約平伸雙手之長度。「九仞」：《尚書・旅獒》：「為山九仞。」表示甚高之意。其參道極陡。《松島眺望集》謂「石階百八十間」；今人則謂計有石階兩百零二級云。

④日文「玉垣」一詞，與神垣、瑞垣、齋垣等，專指神社寺廟之圍牆；牆內則謂之「境內」。「玉」字表美稱或敬詞。

⑤陸奧國為東山道之極北地區，原文「道の果」（道路之盡頭），故芭蕉有「天涯」之感。「塵土」即「穢土」，為「淨土」之反，指俗世人間；在此或兼指偏遠邊鄙之地。

⑥尾形仂以「吾國風俗」為「基於當時神國意識之措辭」，並引西鶴所用

鐵扉上有「文治三年和泉三郎寄進」字樣⑧。五百年前往事⑨，而今浮現眼前，彌足珍惜。渠勇義忠孝之士也⑩。芳名流傳至今，無不仰慕之者。所謂「人能勤道守義，名亦隨之⑪。」誠哉斯言。日已近午，賃船渡松島。其間二里餘，抵雄島磯⑫。

「和國風俗」與「神國習俗」等詞為證（見氏著，《おくのほそ道評釋》）。

⑦「古寶燈籠」：「寶」字，敬詞。《松島眺望集》：「神前有鐵塔，高一丈一尺。昔秀衡三男和泉三郎建立。寬文年間（一六六一—一六七三）再造。」芭蕉所見，當是再造燈籠。現存。高約二・八公尺、周圍約一・八九公尺、基座高〇・八公尺。

⑧平安末期，後鳥羽天皇「文治三年（一一八七）」二月，源義經逃至陸奧；十月，陸奥守和泉藤原秀衡逝世（請參〈一四、飯塚里〉章，注②）。「和泉三郎」指藤原忠衡，即藤原秀衡之三男。克守其父遺訓，效忠義經，與歸附源賴朝之兄泰衡對敵，於文治五年六月二十六日，戰敗自刃，年僅二十三。後為謠曲〈錦戶〉、幸若舞曲〈和泉城〉之悲劇主角。「寄進」，日文詞，捐贈、奉獻之意。

⑨和泉三郎於文治三年（一一八七）捐贈燈籠，芭蕉於元祿二年（一六八九）來訪，相距約五百年。

⑩《菅菰抄》：「恪遵亡父遺訓，不捨義經，孝也。善仕義經，忠也。不依兄而從義經，義也。終至戰死，勇也。」

⑪此句出處不詳。韓愈〈進學解〉：「動而得謗，名亦隨之。」語法類似而含意相反。《菅菰抄》引《六韜》云：「勵道可操義，名亦從之。」但查該書並無此語。永田善齋所言，庶幾得之，曰：「莫患名之不聞，但患實之不踐。執戈臨難，輕生重義。此烈丈夫之實行而實名千載不朽。」（《膾餘雜錄》，卷二，一六五三）。

⑫「雄島磯」（をじまのいそ），歌枕，在松島灣竹浦東南，瑞巖寺西南方。有渡月橋與陸地相連。

二二、松島

夫古老相傳，松島風景，扶桑第一①，蓋不遜於洞庭、西湖也②。自東南納海入灣，灣內三里，洶湧如浙江潮③。大島小島無數④，聳立者直指天外，俯伏者匍匐波上。或二層重疊，或三層堆砌；左右諸島，或離或連；有負者，有

①《隨行日記》五月九日：「午刻，船抵松島。」「松島」已見〈一、漂泊之思〉注⑪。《山海經》、《淮南子》等書均有「扶桑」傳說。寺島良安編《和漢三才圖繪》（一七一二序）：「扶桑國在大漢國東，其上多扶桑木。葉似桐，實如梨。」古來用以指日本，或謂之扶桑三島。王維〈送秘書晁監還日本國〉：「鄉國扶桑外，主人孤島中。」大淀三千風《松島眺望集》引〈瑞巖寺方丈記〉云：「夫松島者，日本第一佳景也。四圍皆山也。山間皆海也。水光瀲灩，疑是太湖三萬六千頃。」同書又引〈鐘之銘〉云：「蓋松島天下第一之好風景；瑞巖日本無雙之大伽藍也。」芭蕉另有松島句，其小序云：「聞說松島佳景，扶桑第一。古今風流之士，寄意此島，心慕手追，以盡其妙。」（〈松島前書〉，一六八九）。

②「洞庭」，湖名，在湖南省東北部，長江南岸。「洞庭秋月」列「瀟湘八景」之一。《松島眺望集》引大益〈松島狂詠〉：「瀟湘八景措方隅。」加之〈遊松島賦即景〉：「也是扶桑一洞庭。」芭蕉〈幻住庵記〉亦云：「魂走吳楚東南，身立瀟湘洞庭。」「西湖」在浙江省杭州市西。多名勝古蹟，有「西湖十景」。與洞庭湖同為文人墨客吟詠之勝地。《松島眺望集》引大機圓應禪師〈題松島〉云：「夢魂幾度繞西湖。」芭蕉〈十八樓

抱者，如愛兒孫然⑤。蒼松鬱鬱，潮打風吹，枝葉虯曲，自然而然，而若矯揉之所致⑥。其景窅然，有美人凝妝之貌⑦。豈古昔神代大山祇之所為哉⑧？造化天工，孰能奮其彩筆，以盡其妙乎⑨？

雄島磯與陸地相連，乃伸出海上之島⑩。有雲居禪師別室之跡⑪、坐禪石等處。又，偶見有遯世者，結庵松蔭下，悠閒度日⑫；燒落穗、松球，炊煙裊裊。不知為何方高士，

記〉（一六八八）云：「想彼瀟湘之八景、西湖之十境，均在涼風一片中。若欲名此樓，可稱十八樓。」案：十八之數，為瀟湘「八」景與西湖「十」景之和；蓋欲集洞庭與西湖之勝於一樓也。

③《陸奧千鳥》謂「內海三里」，約十一・八公里。「浙江潮」指錢塘江口海潮。宋周密《武林舊事・觀潮》：「浙江之潮，天下之偉觀也。自既望以至十八日為最盛。方其遠出海門，僅如銀絲，既而漸近，則玉城雪嶺，際天而來。大聲如雷霆，震撼激射，吞天沒日，勢極雄豪。楊誠齋詩云『海湧銀為郭，江橫玉繫腰』者，是也。」芭蕉〈移芭蕉詞〉（一六九二）：「浙江之潮，溢滿三叉口，便於觀月。」以浙江潮喻隅田川之漲潮。

④據統計，灣內有兩百六十多大小島嶼。

⑤杜甫〈望嶽〉（華山）：「西嶽崚嶒竦處尊，諸峰羅立似兒孫。」

⑥謂松島松姿，曲折有致，自然形成，非人力矯揉造作使然也。

⑦「窅然」，深遠朦朧，難於究探也。《莊子・知北遊》：「夫道窅然難言哉。」傅亮〈為宋公脩張良廟教〉：「顯默之際，窅然難究。」蘇軾〈飲湖上初晴後雨詩〉：「水光瀲灩晴方好，山色空濛雨亦奇。若把西湖比西子，淡妝濃抹總相宜。」在此芭蕉以凝妝西施喻松島之美。

⑧據《古事記》、《日本書紀》等史書所載，諸神創造並統治日本國之世，至第一代神武天皇即位之前，謂之「神代」。「大山祇」：男神伊邪那岐命與女神伊邪那美命之子，司山之神、木花開耶姫之父（請參〈四、室八島〉）。

⑨《菅菰抄》引《正字通》云：「天地陰陽運行，萬物生息，謂之造化。」亦指造化主。杜甫〈望嶽〉：「造化鍾神秀，陰陽割昏曉。」「天工」謂天地自然之巧工也。陸游〈新燕詩〉：「天工不用剪刀催，山杏溪桃次第開。」岑參〈劉相公中書江山畫障〉：「始知丹青筆，能奮造化功。」

⑩「雄島磯」已見前章，亦作「御島」或「小島」（均讀をじま）。雄島與

慕之而順道趨訪。須臾，月印海上，眺望夜景，又與白晝迥異其趣⑬。返岸上投宿，住二樓，開窗面海。所謂旅臥風雲中⑭，奇妙之感，不可言宣。

猗歟松島
杜鵑應借鶴身
唱遍全灣⑮
曾良

余竟閉口無句⑯，欲睡而又不能入眠。憶辭舊庵時，素堂

陸地並不相連，但有橋可通，曰「渡月橋」，長約二十四公尺。歌枕。平安中期歌人源重之（？—一〇〇〇）：「漁夫捕撈雄島磯，淚濕衣袖松島灣」（松島や　雄島の磯に　あさりせし　蜑の袖こそ　かくは濡れしか）（《後拾遺集》戀四）。藤原俊成女，鎌倉時代女歌人：「松島浪拍雄島岸，寒月冰凝千鳥鳴」（松島や　雄島の磯に　寄る波の　月のこほりに　千鳥鳴くなり）（《新後撰和歌集》冬）。

⑪「雲居禪師」（一五八二—一六五九），諱希膺。土佐（今高知縣）人。原為京都妙心寺蟠桃院寺僧，寛永十三年（一六三六）應仙台藩主伊達忠宗之招下松島，復興瑞巖寺。享年七十八。敕謚慈光不昧禪師，追謚大悲圓滿國師。「別室」指「把不住軒」。《聞老志》：「尚有座禪堂。旁有一亭，號把不住軒，希膺往昔棲遲處。此地見佛上人故蹤也。」

⑫《松島眺望集》：「又松吟庵，有道心者之室。」《隨行日記》：「御島，有雲居坐禪堂。南有寧一山碑文。北有庵，道心者所住。」案：「道心」指菩提心，即學佛之心。日本謂在家修佛者為「道心者」，即禪家所謂居士也。芭蕉所見「遁世者」，蓋道心者歟。又案：「寧一山」即一山一寧（一二四七—一三一七），歸化元僧，門下有虎關師鍊、雪村友梅、夢窗疏石等人，為五山禪林文學始祖，於中日文化交流貢獻良多。

⑬芭蕉於《細道》首章，即言「松島之月早懸於心矣」。據《隨行日記》，芭蕉一行於陰曆五月九日抵松島，僅住一宿，翌日即往石卷。故所見「松島之月」並非滿月；而望月之處，依《隨行日記》當天行程推測，不可能在雄島磯，疑在岸上宿處二樓之面海窗口也。

⑭「風雲」指大自然。風逐雲飄，變幻不居。芭蕉：「托身於風雲，勞心於花鳥」（〈幻住庵記〉）。又云：「與雁共寢雲風月」（〈伊賀餞別〉所收歌仙脇句）。

⑮原文：「松島や　鶴に身をかれ　ほとゝぎす」意謂杜鵑歌聲固然動人，然若借鶴身以唱之，則錦上添花，松島之美更奇絕矣。因曾良〈俳諧書

有松島之詩⑰，原安適有松浦島和歌相贈⑱。解袋取出，且伴今宵。袋中亦有杉風、濁子之發句⑲。

留〉不見此句，故有注者疑為芭蕉所作，而以曾良之名置入文中，以加強其「余竟閉口無句」之對照效果。案：鴨長明（一一五五？—一二一六）《無名抄》：「俊惠法師……有詠『千鳥亦著鶴羽衣』之歌，人人頗感新奇。」又案：漢傳統文化藝術中，松鶴往往相配並舉，松島皆松而無鶴配之，豈非憾事，故有請杜鵑借穿白鶴羽衣以示有松有鶴也。

⑯土芳《三冊子》：「師在松島無句，慎重其事也。」（詳見〈一二、須賀川〉注⑨）。許六編《風俗文選》（原題《本朝文選》，一七〇六）引嵐蘭〈富士賦〉云：「聞吾翁一生無富士、吉野之句。」芭蕉於遊覽吉野時，回憶藤原良經（一一六九—一二〇六）、西行法師、安原貞室（一六一〇—一六七三）等前賢之作，亦嘗自云：「余欲語無言，不能詠一句。」（〈笈の小文〉）。尾形仂以為「此即所謂『對景則啞』，是一種基於文學姿勢之感動表白」。其實，芭蕉在松島並非無句，土芳編《蕉翁句集》（一七〇九）錄有芭蕉所作云：「大島小島　碎成千形萬狀　夏日海上」（島島や　千千に砕けて　夏の海）。而且句前附有較長之序文〈松島前書〉。

⑰「素堂」，本名山口信章（一六四二—一七一六），甲斐國（今山梨縣）人。隱居上野不忍池畔，為芭蕉多年文字之交。擅漢詩。其「松島之詩」，據錦江《通解》：「《家集》云：『夏初松島自清幽，雲外杜鵑聲未同（案：疑為周字形近之誤）。眺望洗心都似水，可憐蒼翠對青眸。』豈是歟。」但查《素堂家集》，有〈送芭蕉翁〉之題而無詩，故錦江有「豈是歟」之惑。

⑱「原安適」，歌人。當時江戶地下歌壇知名人物，與芭蕉、曾良為文友。貞享四年（一六八七）芭蕉〈笈の小文〉之旅，有歌兩首相送，見於《句餞別》（一七四四）。至於「松浦島和歌」則不詳，恐已失傳。「松浦島」，今宮城郡七濱町。曾良〈名勝備忘錄〉：「松賀浦島，在鹽竈東南方。」《聞老志》云：「去千賀之地十餘里，在青松濱。佳境絕景，不減

松島。」松賀浦島即松浦島，均讀「まつがうらしま」。歌枕。平安初期歌人素性法師（生卒年不詳）：「嘗聞松浦島，今日終見之。漁夫有心住，其誰曰不宜」（音に聞く　松が浦島　けふぞ見る　むべ心ある　あまは住みけり）（《後撰和歌集》）。

⑲「濁子」，芭蕉門人，中川氏，通稱甚五兵衛。美濃國大垣（今岐阜縣大垣市）戶田藩士（兩百石）。又擅繪畫。杉風與濁子之餞別句，已無從查考。

二二、瑞巖寺

十一日①，詣瑞巖寺②。昔日，該寺三十二世③真壁平四郎出家入唐，歸國後開山建寺④。其後，雲居禪師德澤廣被，改築七堂⑤。金壁輝煌，法像莊嚴，成為極樂淨土之大伽藍⑥。然彼見佛聖駐錫之寺⑦，究在何處，不禁心嚮往

①據《隨行日記》，芭蕉一行「詣瑞巖寺」之實際日期是五月九日（陽曆六月二十五日），在遊覽雄島磯之前。「九日……午刻船抵松島。飲茶後，詣瑞巖寺。遍觀寺內。開山，法身和尚（真壁平四郎）。中興，雲居。……之後見雄島（或書御島）等處。」若按《細道》文中所謂「十一日」，則一行已在石卷前往戶今路上矣。

②「瑞巖寺」，臨濟宗妙心寺派所屬寺院，青龍山圓福瑞巖禪寺之略稱。或作「瑞岩寺」。在今宮城縣宮城郡松島町。據傳承和五年（八三八），一說天長五年（八二八），天台宗慈覺大師開基，初名青龍山延福寺，俗稱松島寺。至鎌倉時代，執權北條時賴（一二二七—一二六三）敦聘法身和尚以圖再興；改為禪宗，號松島山圓福寺。後改屬建長寺，重又成為妙心寺派矣。寬永十三年（一六三六）仙台藩主伊達忠宗迎雲居和尚為中興開山，改稱瑞巖圓福寺。芭蕉參詣當時之住持大領義猷和尚，為第一〇二世。

③案：法身和尚之任瑞巖寺住持，自開山慈覺大師計算，為第二十九代。就禪宗傳承而言，則為開山第一代。所謂「三十二世」，不知何所據而言。

④「真壁平四郎」，法身和尚俗名。常陸國（今茨城縣）真壁郡人。虎關師

之。

鍊《元亨釋書》：「法身性西和尚，過壯歲出家，不知文墨。聞衲子稱宋地禪行，駕商船入臨安。徑登徑山見佛鑑禪師。」案：《細道》所謂「入唐」之「唐」，指中國，不限唐朝。法身（ほっしん），一作「法心」，在宋九年，歸國後，北條時賴「創圓福大道場於此地，拜請法身和尚為開山祖師。」（虎哉，〈瑞巖寺方丈記〉，《松島眺望集》收）。法身有偈云：「遠上徑山分風月，歸開圓福大道場。法身透得無一物，元是真壁平四郎。」（各家所引，容有文字上之異，但偈意並無不同）。

⑤「雲居禪師」已見前章〈二一、松島〉（詳注⑪）。其實「改築七堂」工程，完成於伊達政宗時代，約在雲居禪師受聘前二十五年。在禪宗，「七堂」指佛殿、法堂、僧堂、庫裡（庫院）、浴室、三門（山門）、東司（廁）。有異說。《菅菰抄》等古注，多以為指講堂、山門、鐘樓、鼓樓、庫裡、浴室、東司。

⑥「伽藍」，梵語「僧伽藍摩」（sangharama）之略，謂眾僧所住園林，後用為佛寺別稱。亦作迦藍、僧伽藍。意譯作「眾園」。

⑦「見佛聖」，即「見佛上人」。平安後期高僧。《元亨釋書》：「釋見佛居奧州松島。其地東溟之濱，小嶼千百數。曲州環浦，奇峰異石，天下之絕境也。其尤者曰千松島。佛結茅而居。精勤苦練十二年。其間誦《法華》滿六萬部。其後不計部數，專壹持誦。世云，既淨六根，役使鬼物，屢顯靈應。天仁帝（鳥羽天皇，在位一一〇七—一一二三）聞道譽，賜佛像寶器，而以旌異之。依茲，土人改千松曰御島。蓋境得人而顯，又人因境而傳之也。年八十二寂。」此外，傳西行著《撰集抄》卷三〈松島上人事〉條，謂西行法師在能登國初會見佛上人後，孺慕不已，「乃訪之松島，在彼寺中住約二月。」今雄島上有「見佛堂」，建於享保十七年（一七三二），即芭蕉巡禮之後約五十年。

二三、石卷

十二日①，欲往平和泉②，傳聞有姊齒松③、緒絕橋等處④，人跡罕至，蓋雉兔芻蕘之所來往⑤，無路可辨，終致迷失⑥，竟抵港埠石卷⑦。眺望海上，見古人獻頌「金花開」之金花山⑧；漕船數百⑨，湊集灣內；房舍爭地以櫛比，竈

①芭蕉之實際行程，據《隨行日記》，五月十日離松島，夜宿石卷；十一日離石卷，夜宿戶今（即戶伊摩或登米）；十二日離戶今，夜宿一關；十三日抵平泉。

②「平和泉」即「平泉」，訓讀同（ひらいづみ）。今岩手縣西磐井郡平泉町。有奧州藤原氏三代（清衡、基衡、秀衡）及源義經之古蹟。（詳下章〈二四、平泉〉）。

③《聞老志》：「姊齒松，去澤邊之東十二町餘，在梨崎村。有長松樹，是也。古松乃四十餘年前枯槁，後人所繼植之新松也。古老相傳，是乃筑紫肥前之產，松浦佐用姬者之姊某之墓上松也。或曰，小野小町之姊。往昔有寺，號松語山龜藏寺，是乃妹子為亡姊所建精舍。」（原漢文）案：「姊齒」（あねは），又有「羽、姊場、姊葉、阿禮葉」等不同寫法。其地在今宮城縣栗原郡金城町姊齒。歌枕。「栗原姊齒松，若是人多好；結伴返京師，送人當珍寶」（栗原の　あねはの松の　人ならば　都のつとに　いざといはましを）（《伊勢物語》十四段）。等躬《陸奧名所寄》引鎌倉初期歌人鴨長明（一一五五？—一二一六）之歌：「欲告鄉親栗原事，姊場松上黃鶯聲」（ふるさとの　人に語らん　栗原や　姊場の松の

煙升天而綿連⑩。不意到此繁華之地，然沿街求宿，肯借者竟無一人。無那，終在窮人小屋借住一宿，翌日天明，又趑趄於陌生路中矣。行在漫長堤道上，側望袖渡⑪、尾駮牧山⑫、真野萱原等處⑬，過而不訪。沿長沼前行，小心翼翼，在戸伊摩過夜⑭。至平泉。其間似有二十餘里⑮。

鶯の聲）（《夫木和歌抄》原）。案：鴨長明為日本三大隨筆之一《方丈記》作者。

④「緒絕橋」，今宮城縣古川市三日町與七日町間之界橋。《聞老志》：「古川驛中小板橋是也。其水源乃玉造河流，分入稲葉村。是古稱緒絕橋。」歌枕。平安中期歌人藤原道雅（九九二—一〇五四）：「道是陸奧緒絕橋，欲踩不踩費思量」（陸奥の　緒絶えの橋や　是ならむ　踏みみ踏まずみ　心まどはす）（《後拾遺集》戀三）。藤原定家（一一六二—一二四一），鎌倉前期歌人：「可恨白珠緒絕橋，線斷散作袖上淚」（白玉の　緒絶えの橋の　名もつらし　砕けて落つる　袖の涙に）（《續後撰集》戀四）。案：「緒絕」（をだえ），斷線之意，引伸為恩斷情絕。

⑤《孟子・梁惠王下》：「芻蕘者往焉，雉兔者往焉。」芻蕘者謂割草砍柴之人，即樵夫。雉兔者謂射雉捉兔之人，即獵者。案：孟子所談者為「文王之囿」，能「與民同之」，故一般百姓如樵夫獵者亦皆可前往。芭蕉則反其意而用之，以喻人跡罕至、荒涼未開之地。

⑥在詠「緒絕橋」古歌中，頗有迷惑、猶疑、迷失、走錯等語，芭蕉難免囿於思古之情，仿其歌詞，而有「無路可辨，終致迷失」之說。

⑦「石卷」，今宮城縣石卷市，跨越北上川河口兩岸，為當時仙台藩最大港口。《聞老志》：「斯地也市店連屋，漁家比鄰，商賈群集，農工雜居。繁華輻輳，殆若江都（江戶）海濱。商船之出入，漁艇之來往，日夜泛泛，朝夕轟轟，買賣不乏，交易不虛，生財有便，貨殖有利。酒與攝州之大坂、越前之敦賀、筑紫之博多、出羽之酒田同膏腴。土產豐饒之富，天下第一津也。」（原漢文）。

⑧「金花開」：大友家持（？—七八五），奈良時代之官僚、歌人，曾兼陸奧按察使鎮守將軍。《續日本紀》聖武天皇天平二十一年（七四九）二月二十二日條：「陸奧國始貢黃金。」家持應詔賦長歌〈賀陸奧國出金〉，並附〈反歌〉三首，其三云：「皇恩浩蕩及東國，陸奧山上金花開」（す

めろぎの　御代榮えむと　東なる　陸奧山に　金花さく）（《萬葉集》卷十八）。《聞老志》：「陸奧山，今金華山。」位於牡鹿半島東南端海上，東西四公里寬，南北五公里長；中央有金華山，海拔四五五公尺。案：金華山（即金花山）並不產金，實際產地在今宮城縣遠田郡涌谷町黃金迫（山谷）。又：諸注釋指出，在石巻，即使登上日和公園最高處，亦不見金華島。但在前往石巻路上，則可見之。曾良〈名所備忘錄〉：「仙台可望金華山。石巻、松島猶近可見。」從石巻可見金華島，襲自舊說，誤。《陸奧名所記》：「陸奧山謂金花山。松島東可見。」故芭蕉在石巻「眺望海上」所見之金花山，當是根據古歌舊記，益之以路上所見，融合而得之印象，非實景也。

⑨來回轉運糧食、貨物、旅客之河海船隻曰「漕船」。

⑩處處炊煙升天，喻人民豐衣足食、不慮匱乏也。傳仁德天皇（在位三一三—三九九）所詠〈御覽免貢稅而國富〉歌云：「登上高樓望世間，民家竈煙爭上天」（高き屋に　登りて見れば　煙立つ　民の竈は　にぎはひにけり）（《新古今集》賀）。

⑪「袖渡」，又作「衣袖渡」，石巻市住吉町住吉神社前之北上川渡口。《聞老志》：「石巻北市有住吉神祠。牛頭天王、菅神、愛宕小社，相並來神（北上）河流，社前滔滔，是乃往水門大瓜村落之津，古衣袖渡也。」曾良〈名勝備忘錄〉：「去仙台十三里，石巻街外有住吉神社。鳥居前有渡頭往真野。」歌枕。平安中期女歌人相模（生卒年不詳）：「陸奧袖渡淚成河，流過心中澄如鏡」（陸奧の　袖の渡りの　淚川　心のうちに　流れてぞすむ）（《新後拾遺集》戀一）。

⑫「尾駮牧山」，石巻市東約一里，有丘陵曰牧山，其下有牧場，是也。歌枕。佚名：「放牧陸奧尾駮麓，野馬狂奔難忘懷」（陸奧の　尾駮の駒も　野飼ふには　荒れこそまされ　なつく物かは）（《後撰和歌集》雜四）。

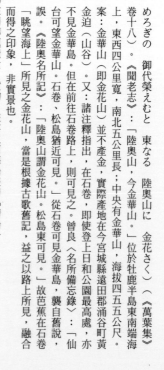

⑬「真野萱原」，今宮城縣石巻市真野字萱原。《聞老志》：「在真野村。有寺，號舍那山長谷寺。……門外有小池。蘆葦瑟瑟，黃蘆俗呼曰茆萱，故自古稱之真野萱原（まののかやはら），於和歌頗得佳名。」〈名勝備忘錄〉：「石巻近處，約一里半路程，在山間。過袖渡。」歌枕。奈良時代女歌人笠女郎（生卒年不詳）：「陸奧真野萱原遠，只把風采夢中看」（陸奥の　真野の萱原　遠けれど　面影にして　見ゆといふものを）（《新千載集》戀）。

⑭「戸伊摩」，今宮城縣登米郡登米町。在北上川西岸，石巻北方三十二公里。當時是伊達綱宗之子伊達大藏村直之領地。「登米」為正式寫法，「戸伊摩」或曾良在《隨行日記》所用之「戸今」皆屬當字（といま）。

⑮「其間」當指松島至平泉之間，實際距離二十六里，約一〇二公里。

二四、平泉

三代榮耀一睡中①，大門舊址在此一里之外②。秀衡遺跡，已成田野③，唯金雞山舊態依然④。先登高館遠眺⑤，北上川，大河也⑥，自南部流來⑦。衣川迴繞和泉城⑧，於高館下匯入大河。泰衡等屯堡舊跡⑨，隔在衣關之外⑩，形

①《隨行日記》五月十二日（陽曆六月廿八日）：「陰。離戶今。……黃昏抵一關。宿。」十三日：「天晴。巳刻（離一關）往平泉。……見高館、衣川、衣關、中尊寺、光堂（金色寺）、泉城、櫻川、櫻山、秀衡居館等。……見月山、白山。經堂因別當不在，不開。見金雞山。見新御堂、無量劫院跡。申上刻歸（一關）。宿。」十四日：「天晴，離一關。」可見芭蕉不但未住平泉，而在平泉參觀時間亦僅有數小時。如此多項重要古蹟景點，難免有走馬看花之嫌。

所謂「三代」，指奧州藤原氏清衡、基衡、秀衡三代。首代清衡（一〇五六?—一一二八），平安後期東北豪族，於寬治三年（一〇八九）拜陸奧押領使，領有奧羽六郡（伊澤、江刺、加賀、稗拔、志波、岩手），成為獨霸一方之權貴。嘉保元年（一〇九四）將其居館自江刺郡豐田移至岩手郡平泉。天治三年（一一二六）建立中尊寺，開啟平泉文化之序幕。二代基衡（一一〇六?—一一五七）擴建毛越寺，造金堂與淨土庭園大泉池。三代秀衡（一一二二?—一一八七）繼父祖之業克紹箕裘，完成毛越寺，又建無量光院；並任鎮守將軍、陸奧守，君臨奧羽之地。三代榮耀長達約一百年。

源義經供養碑

似堅守南部門戶，以防蝦夷之入侵者⑪。噫，遙想當年，聚忠義之臣，困守此城之中⑫。爭功名於一時，終歸化為草叢。國破山河在，城春草自青⑬。鋪笠而坐，潸然淚下⑭，不知時之推移。

夏草萋萋
將士用命求仁
夢幻一場⑮

水晶花裡

「一睡中」，典出唐沈既濟撰〈枕中記〉，敘盧生在邯鄲客舍遇道士呂翁，臥其所授之枕入夢，歷盡富貴榮華。醒後見主人蒸黍未熟，因悟人生如夢、諸事無常之理。即所謂「黃粱夢」也。「一睡」應作「一炊」，日文二詞讀音同（いっすゐ），混用已久，積非成是矣。

②「大門」應指藤原三代官廳平泉館之正門。但芭蕉所言，恐非此「大門舊址」。或以為毛越寺南大門；或以為金澤（加澤）村南大門。諸說紛紜，迄無定論。

③「秀衡遺跡」指其居館遺址，又稱嘉樂館或伽羅御所。《聞老志》：「嘉樂館址，其地在新御堂來神河（北上川）西，高館東北，秀衡常居也。」《平泉舊蹟志》（一七六〇）：「今成田野。」而《聞老志》則均以「今盡荒廢」形容平泉館與無量光院遺址。〈古詩十九首〉：「出郭門直視，但見丘與墳。古墓犁為田，松柏摧為薪。」

④「金雞山」：在平泉館西，傳秀衡於山頂埋金雞，以為平泉鎮護。《聞老志》：「中尊寺東南有高峰，秀衡擬之駿州慈峰（富士山），且埋一金雞於峰頭，號金雞山。」劉禹錫〈西塞山〉：「人世幾回傷往事，山形依舊枕寒流。」

⑤「高館」，在中尊寺東方之營砦，面臨北上川，背倚山丘。源義經自殺之地。《聞老志》：「衣河館，今曰高館，在平泉村之東。安倍賴時（？—一〇五七）所築，謂之衣河館。文治中（一一八五—一一九〇），民部少輔基成居此館。義經自殺於茲。世稱高館是也。上有義經古墳，墳畔有一櫻樹，今猶存。是乃往時舊物也。傍有兼房墓。天和中（一六八一—一六八四），我前太守（伊達）綱村君，建祠堂祭義經幽魂。」

⑥「北上川」，一作「來神河」，訓讀同（きたかみがは）。發源於岩手縣北境姬神岳，南流經岩手縣中央、宮城縣東北，至平泉與衣川合流，注入石卷灣。全長約三百六十公里。《聞老志》：「櫻川，來神河流過平泉館下之川也。往時，繞駒形山下。每春艷陽時，櫻花一萬株，峰頂爛熳。風

國破山
河在
城春
草自青
鋪笠而坐潸
然淚下不知
時々推移
夏草萋々
將士用命
求仁夢幻一場

兼房容顏宛在
白髮蒼蒼⑯

曾良

耳聞二堂⑰，驚歎久矣，正逢開龕⑱。經堂存三將之像⑲，光堂納三代之棺⑳，安三尊之佛㉑。七寶散逸㉒，風破珠扉，雪腐金柱；頹廢為墟，幾成叢莽。乃於四圍新築罩堂，覆瓦以蔽風雨㉓，暫保千載須臾之遺物㉔。

光漸去，飄零日飛，此時滿川如雪，河流變色。因稱之櫻川。如今其地為野田，尤為可惜。」

⑦「南部」指平泉北方，南部氏（十萬石）之領地。在此則泛指北上川上游，以城下町盛岡為中心之北方地區。

⑧「衣川」，源出平泉西方山中，東流至平泉之北匯入北上川。其匯流點，往昔在束稻山麓，而芭蕉當時則已移至高館之北約兩百公尺處矣。歌枕。源重之（？—一〇〇〇），平安中期歌人：「衣川送客尋常事，浪打離人袖口濕」（衣川　みなれし人の　別れには　袂までこそ　波は立ちけれ）（《新古今集》別）。「和泉城」，指藤原秀衡三男和泉三郎忠衡之居館。《聞老志》：「和泉城遺址。在中尊寺西，阻衣川。……按：此城去高館以西可十町。……文治中（一一八五—一一九〇），忠衡居之。同五年夏六月廿二日自殺。先義經自盡已五十二日。」《平泉舊蹟志》：「三男泉三郎忠衡居館，云在泉屋之東。其處今無知之者。」有關和泉三郎，請參〈二〇、鹽竈明神〉及其注⑦—⑩。

⑨藤原泰衡（一一五五—一一八九）：秀衡二男，通稱伊達次郎。父秀衡去世後，繼承出羽陸奧押領使之職，管領六郡。後為形勢所逼，不得不違背亡父遺囑，歸附源賴朝，於文治五年（一一八九）閏四月三十日，夜襲義經於衣川館。但隨後賴朝即以藤原家曾經庇護義經為由，大舉追殺。同年九月三日，不敵而死，年三十五。案：《細道》原文所謂「泰衡等舊跡」，究在何處，注家或付諸闕如，或各立異說，迄無共識。唯視其文脈，又有「泰衡等」之複數助詞，或即指泰衡麾下照井太郎、秋田三郎、赤田次郎等在衣關之北、衣川之西所設之營砦，故且以「泰衡等屯堡舊跡」譯之。

⑩「衣關」：衣川關之略。始設於八世紀末，以為征討蝦夷之基地。至十一世紀初，平安後期，陸奧豪族安倍賴時（？—一〇五七）重新修築。《聞

五月梅雨
難道有意避開
光堂無恙㉕

老志》：「去高館一町餘，山下有小關路，是古關門之址也。」歌枕。和泉式部：「千端萬緒疊成堆，徒聞陸奧有衣關」（もろともに　たたまし物を　みちのくの　衣の關を　よそに聞くかな）（《詞花集》別）。

⑪原文作「夷」，即「蝦夷」（えぞ，又讀 えみす或えびす）。Ainu（アイヌ）之漢化稱呼。指古代散居日本東北及北海道之民族，平安後期藤原氏所領奧州六郡（見注①），即為降順蝦夷族群定居地區。

⑫「此城」指「高館」，或以為「平泉城」，恐非是。據《義經記》所載，困守城中之「義臣」，有武藏坊弁慶、片岡八郎、鈴木三郎、龜井六郎、鷹尾三郎、增尾十郎、伊勢三郎、備前平四郎等所謂「八騎」，加上十郎權頭兼房與喜三太，一共十人。

⑬杜甫〈春望〉：「國破山河在，城春草木深。感時花濺淚，恨別鳥驚心。」湖伯雨〈望淮〉：「春風何處無生意，白骨城邊草自青。」（尾行仂，《評釋》，引自天隱龍澤編，《錦繡段》遊覽）。

⑭杜甫〈玉華宮〉：「憂來藉草坐，浩歌淚盈把。」

⑮原文：「夏草や　兵どもが　夢の跡」《詩經・黍離》：「彼黍離離，彼稷之苗。行邁靡靡，中心搖搖。知我者，謂我心憂，不知我者，謂我何求。」王昌齡〈塞下曲〉：「昔日長城戰，咸言義氣高。黃塵足千古，白骨亂蓬蒿。」徐道暉〈題釣臺〉：「此地也成空，草木多年換。」（《瀛奎律髓》懷古）。

⑯原文：「卯の花に　兼房みゆる　白毛かな」「兼房」即十郎權頭兼房。案：「權頭」謂編制外臨時官員之長。據《義經記》，兼房為大納言平時忠（一一二七—一一八九）女兒之「乳人」（監護人），女兒嫁與源義經時，兼房隨往而成義經家臣。義經流亡平泉，高館之役，兼房目睹義經夫婦自裁後，放火館舍，擊倒敵將長崎太郎，挾其弟長崎二郎跳入火焰中，壯烈犧牲。

⑰「二堂」指中尊寺之經堂與光堂（金堂）。芭蕉訪問中尊寺時，除二堂之

外，尚有鐘樓、開山堂與藥師堂，至於《吾妻鏡》所謂「寺塔四十、僧房三百」，則已不復存在矣。

⑱「開龕」，原文作「開帳」，定期掀開神龕帷帳，以便信眾禮拜也。

⑲「經堂」，即經藏。藤原清衡所建兩層樓房，經十三年而後成（一一二二），並納紺紙金銀交書一切經五千三百餘卷；二代基衡納紺紙金字千部一日經；三代秀衡納金紙金字一切經五千三百餘卷，總共一萬六千餘卷。《聞老志》：「經藏堂，在光堂西北。今謂之經堂。構八架，置三代所奉納一切經。」惜於建武四年（一三三七）上層火災，僅存下層云。

「三將之像」指前舉藤原清衡、基衡、秀衡三代。但經堂並無「三將之像」。堂中八角須彌壇上，供有本尊文殊菩薩、脇士優天王與善財童子；背後安置佛陀婆利三藏與婆藪仙。據前舉《隨行日記》（注①），當日因別當不在，經堂並未開放參觀。故芭蕉所謂「三將之像」，注家或以為又屬芭蕉之虛構，或以為因誤聽或誤記「三將之經」而來。

⑳「光堂」即「金色堂」。中尊寺別院，有阿彌陀佛堂，附以葬堂。藤原清衡所建，歷十五年而成（一一二四）。《吾妻鏡》：「上下四壁內殿皆金色。」《聞老志》：「按：金色堂，如今土人所謂光堂者是也。」

「三代之棺」指收藏清衡、基衡、秀衡三代遺體之棺。《聞老志》：「堂內盡金色，中構三壇，上各置佛像，壇下皆三代之屍也。左壇乃座基衡，右座秀衡，前壇清衡也。」

㉑「三尊之佛」謂阿彌陀三尊。阿彌陀如來居中，左觀世音菩薩，右勢至菩薩。據《聞老志》：「壇上佛像，中立者彌陀，……觀音、勢至，相並其前。多聞、持國兩立，六地藏擁後。」可見光堂中所安佛像，不止「三尊」而已。

㉒佛家「七寶」，有不同說法。據《阿彌陀經》，則指金、銀、瑠璃、玻璃、硨磲、赤珠、瑪瑙等七物。光堂須彌壇四隅，金柱珠扉，七寶莊

嚴，但年久失修，風吹雨淋雪蝕，故不免「七寶散逸」也。

㉓藤原氏滅亡後，中尊寺日漸荒廢。過一百六十多年至鎌倉末期，正應元年（一二八八）執權北條貞時與前武藏守北條宣時，奉征夷大將軍惟康親王之命，建造寶字形「罩堂」（日文稱為「覆堂」、「套堂」或「鞘堂」），五間（九・一公尺）見方，團團包圍覆蓋光堂。其後，室町時代元中元年（一三八四）重葺屋頂。降至江戶時代，伊達政宗又加整修之後，即歸仙台歷代藩主保護之下。

㉔「須臾」，原文「暫時」，即佛家所謂「剎那」（Ksana）。人世千載，雖云長久，然較之時間之永恆，不免短暫無常，千載遺物終將歸於虛幻。

㉕原文：「五月雨の　降のこしてや　光堂」此句初稿：「五月雨や　年年降りて　五百たび」（五月梅雨　年年按時降臨　已五百次）。

二五、尿前關

遙望南部道①，投宿岩手里②。過小黑崎③、美豆小島④；從鳴子溫泉⑤來到尿前關⑥，將越入出羽國⑦。此路旅客稀少⑧，關守見疑⑨，終獲過關。登大山，日既暮；見封人之家，求宿。風雨交加，山中無聊，竟逗留三日⑩。

---

① 「南部道」，往南部氏城下町盛岡地區之通道。經櫻川橋、衣川橋而北，事實上與「奧州街道」部分重疊。芭蕉回首北望南部道，人卻朝西南岩手方向而去。

② 《隨行日記》五月十四日（陽曆六月三十日）：「離一關」後，路過岩崎、真坂等地，「及暮，宿岩手山」。「岩手」，亦作磐手、岩提、磐提等。訓讀同（いはで）。「岩手里」，今宮城縣玉造郡岩出山町。原為伊達政宗居城。慶長八年（一六〇三）政宗遷城仙台後，由八男三河守宗泰留守居之。歌枕。《聞老志》在列舉南部領磐手郡內，有「磐手峰、磐手山、磐手岡、磐手里、磐手關、磐手野」之名後，云：「是乃和歌所詠磐手峰者是也。」大江匡房（一〇四一—一一一一），平安後期學官：「看似梔子金黃色，岩手里開棣棠花」（くちなしの　色とぞ見ゆる　陸奥の　岩手の里の　山吹の花）（《夫木和歌抄》春）。

③ 「小黑崎」，小山名，在岩出山町西北四里（約十六公里），今玉造郡鳴子町名生定村荒雄川北岸。《聞老志》：「小黑崎，在名生定村。去美豆小島（水小島）以北五町餘，鄉人曰黑崎山。翠松萬株，馬鬣鬱鬱，古人所謂『髮絲蓊鬱籠煙霧，皮玉嶙峋傲霜雪』者也。」《隨行日記》五月

跳蚤蝨子
滴答馬兒尿尿
就在枕邊⑪

主人曰：「自此至出羽國，大山阻隔⑫，路況不寧；恐需嚮導引路越山乃可。」然則，即託為紹介。來者年輕壯碩，橫插短刀，攜橡木杖，前導而行。余等緊隨其後，心想今日何日，必是難逃災厄之日，惴慄不安。正如主人所言，高

十五日：「此間有小黑崎、水小島。當地人稱名生貞村曰黑崎。其南有山曰黑崎山。」案：「名生貞」即「名生定」（みやうさだ）。歌枕。〈陸奧歌〉：「黑崎美豆島，若是人多好，結伴返京都，送人當珍寶」（小黑崎　みつの小島の　人ならば　都のつとに　いざと言はましを）（《古今集》東歌）。

④「美豆小島」，或作「水小島」（みづのこじま）。玉造川（荒雄川）中一小島。《隨行日記》五月十五日：「名生貞村前，川中巖島有松三株，其外生小木。水小島也。」《聞老志》：「美豆小島，去小黑崎西南四五町，在鍛冶澤東南玉造川中。……有一洲，洲中有高丘。高二丈餘，東西五六步，南北八九間。丘上有蒼松三株。河水縈迴其下，翠色落陰。急流潺潺，細石磷磷。白沙芳草，殆非凡境。」歌枕。順德天皇（一一九七－一二四二）有歌云：「巖樹非人更可悲，水小島上秋日暮」（人ならぬ　岩木もさらに　悲しきは　みずの小島の　秋の夕暮）（《續古今集》）。

⑤「鳴子溫泉」，在今宮城縣玉造郡鳴子町。《聞老志》書作「啼子溫泉」云：「鄉俗作鳴子，非也。須考之事實。在啼子村。自岩畔出，克治瘡疾。其下亦有溫泉。此地相傳，往昔義經北行，夫人開胎龜毀坂，弁慶養之笈中，來茲地始呱呱出聲，故後人號啼子。」據《隨行日記》十五日條：「（玉造）川對岸有鳴子湯，謂澤子御湯云。」對照《細道》所述，可知芭蕉一行未入鳴子，僅隔川望而過之而已。

⑥「尿前關」在玉造郡鳴子町，鳴子溫泉西約兩公里。再往西約十公里，即為陸奧與出羽兩國國界，故關禁森嚴。《封內記》：「尿前驛有值班處（頭番所），封人守之。」《隨行日記》五月十五日條：「有關所。難於溝通。非有通行證（出手形）不可。」《封內名蹟志》載有附會義經之故事云：「相傳往昔義經北行，夫人至此臨大期，乃溺於路旁。鄉人認其跡為地名。」

嚮導年輕壯碩橫插短刀攜椽木杖前導而行余等緊隨其後心想今日何日必是難逃災厄之日惴慄不安

山森森，一鳥不鳴⑬；樹陰蒼鬱，如夜行路。彷彿踏雲端陰霾間⑭，撥矮竹，涉溪水，避絆石，冷汗浹身，終抵最上莊⑮。彼嚮導男子云：「此路恆常不靖，必有意外。者番有緣護送，竟安然無事，幸甚幸甚。」遂欣然辭去。聞其臨別之言，不覺膽戰心驚，猶有餘悸。

⑦「出羽國」，東山道八國之一，和銅五年（七一二）設置。今秋田、山形兩縣。芭蕉當時，出羽國分為米澤、秋田、莊內、新莊、本莊、上山、龜田、村山、秋田新田九藩。

⑧「此路」指「北羽前街道」。桃鄰《陸奧千鳥》：「尿前至關屋（關谷）十二里。山谷嶮徑，馬足不立。偶有人家。米穀常不自給。尤在飢渴季節，不借宿，無可食之物。」

⑨「關守」：駐守關口，掌管疆界事務之官吏。與下文「封人」一詞同義。案：《論語集注．八佾第三》：「封人，掌封疆之官，蓋賢而隱於下位者也。」芭蕉以日文「關守」稱仙台藩關吏，而以古典漢語「封人」稱新莊領關吏，不知有其好惡輕重於其間否？

⑩據《隨行日記》，十五日過關，至出羽國新莊領堺田；十六日「滯留堺田，大雨。宿」；十七日「快晴，離堺田」，可知芭蕉僅住兩宿，實際上並未「逗留三日」。

⑪原文：「蚤虱　馬の尿する　枕もと」當地房屋結構，在母屋之內，土間一邊，設有馬廄。人馬居住同一屋簷下。況且蚤蝨猖獗，難於入眠，聽覺反靈，故馬尿之聲，雖隔土間，彷彿即在枕邊也。

⑫「主人」指宿處主人，即前出之「封人」。案：其實芭蕉已在出羽國內之堺田（或書境田），而謂「自此至出羽國」者，蓋仍在邊境地區，尚乏腳踏「實地」之感故也。「大山」指奧羽山系，似在強調欲入出羽，「大山阻隔」，爬山越嶺，崎嶇難行之意。

⑬杜甫〈蜀相〉：「丞相祠堂何處尋，錦官城外柏森森。」王安石〈鍾山即事〉：「茅簷相對坐終日，一鳥不鳴山更幽。」

⑭杜甫〈寒峽〉：「行邁日悄悄，山谷路多端。雲門轉絕岸，積阻霾天寒。」又〈鄭附馬宅宴洞中〉：「誤疑茅堂過江麓，已入風磴霾雲端。」注云：「磴登陟之路，霾雨上蒙霧也。」

⑮「最上莊」，今山形縣最上郡、村上郡地區。古為最上氏領地。據《隨行

日記》，芭蕉一行於五月十七日離堺田，由嚮導代攜行李，經笹森關、市野野、一刎、山刀伐嶺，而至最上。「市野野行五六町，有關口。最上御代官所也。」

二六、尾花澤

至尾花澤①，訪俳號清風者②。渠雖富裕之家，其志則純而不俗③。經常往來京城間，果然善解羈旅之情④。承挽留數日，以慰長途跋涉之勞，照拂款待，無微不至。

清風涼意

①「尾花澤」，或作「尾羽根澤」（をばねざは）。今山形縣尾花澤市。當時為天領。最上川河港大石田在其西南一里（約四公里）處，為往來仙台、山形、新莊之樞紐。據《隨行日記》，芭蕉與曾良於五月十七日（陽曆七月三日）過午抵尾花澤。至二十七日「辰中刻，離尾花澤赴立石寺。」其間，除十七、二十一、二十三共計三夜住俳人清風處外，皆借宿當地弘誓山養泉寺。又據《隨行日記》，逗留十日間，芭蕉所見俳人多達十七名，但在〈俳諧書留〉中，並無任何有關舉行句會之記錄。僅在五月二十五日條云：「同道有不便，無俳。」

②「清風」，本名鈴木道祐（一六五一—一七二一），通稱島田屋八右衛門。當年三十九歲。富商，經營當地特產「最上紅花」之收貨批發與助農貸款。原為談林派俳人，撰有《後れ雙六》（一六八一）、《稻筵》（一六八五）、《俳諧一橋》（一六八六）等集。貞享二年（一六八五）在江戶與芭蕉同座「歌仙」後，即成相識。案：「談林」亦作「壇林」，江戶初期連歌師俳人西山宗因（一六〇六—一六八二），為對抗松永貞德（一五七一—一六五三）之「貞門」而起之俳諧流派。「貞門」堅持傳統，注重形式；「談林」則追求清新奇巧，不拘形式。在「蕉風」起而代

人家且當我家
箕踞可也⑤
爬出來吧
別躲在蠶房下
蝦蟆叫春⑥
紅粉花蕊
模樣依稀彷彿
掃眉刷子⑦
養蠶人家
古俗古法古裝

之之前，自延寶年間（一六七三—一六八〇）起，「談林」派在俳壇盛行一時，達十多年之久。

③兼好法師（一二八三？—一三五〇？）《徒然草》十八段：「自古賢而富者稀。」《論語・衛靈公》：「君子固窮。小人窮，斯濫矣。」案：《徒然草》為日本三大隨筆之一。

④清風撰《後れ雙六》自序云：「亦在心之花都住慣二年三載，徘徊於古今俳諧之道，誤入歧途。」《俳諧一橋》友靜序：「陸奧鈴木清風，俳諧修行者也。來往京都江戶間。」《尾花系譜》有更具體之描述：「鈴木，姓。紅花叟清風道祐，……求門路於帝都，經營紅花，商機莫大焉。上京多次，知交不少；在京久時，寄情風雅，與信德、言水交，勤習俳諧，為尾花澤之宗匠。」案：清風所交往之談林派俳人，在京都有常矩、高政、信德、如泉、胡春；在江戶有幽山、調和、言水、才麻呂等。又與仙台大淀三千風為故交。三千風《日本行腳文集》貞享三年（一六八六）九月條：「當地俳仙鈴木清風為故友。」

⑤原文：「涼しさを　我が宿にして　ねまる也」此句上五之「涼しさ」（涼意），隱含主人「清風」之意。全句寫賓至如歸之感，以謝主人。

⑥原文：「這出よ　かひやが下の　ひきの声」柿本人麻呂〈秋相聞・寄蝦〉：「蟾叫朝霞蠶房下，聲聲如喚我卿卿」（朝霞　かひやが下に　鳴くかわづ　聲だに聞かば　われ戀ひめやも）（《萬葉集》卷十）。案：「かひや」，萬葉假名原文作「鹿火屋」，後人望文生義，解作獵鹿所用生火小屋，但亦有以「飼屋」釋之者，則指「養蠶房」。芭蕉顯然採用後者。

⑦原文：「まゆはきを　俤にして　紅粉の花」「紅粉花」即紅花。和歌、連歌稱「末摘花」。菊科兩年生草本，花葉均似大薊。夏季開紅黃色頭狀花，可製胭脂或供藥材。「掃眉刷子」，原文「眉拂」，化妝道具，以長約六公分、徑約三公分之竹管，兩端植白兔毛，用以拂拭傅粉後之雙眉。

古風猶存⑧

曾良

⑧原文：「蚕飼する　人は古代の　すがた哉」《續日本紀》：「和銅七年（七一四）始使出羽國養蠶。」當地蠶婦裝束古樸，頗有古風云。

二七、立石寺

山形領有立石寺①，俗稱山寺。慈覺大師之所開基②，殊為清閑之地也③。人人皆勸宜往一觀，乃自尾花澤折返，其間七里許④。日尚未暮。預訂山麓宿坊，即登山上佛堂⑤。岩重巖而成山⑥，松柏年邁，土石老，苔蘚滑⑦；巖上諸僧

①「山形領」，謂山形藩領地，當時藩主為松平大和守直矩（十萬石）。「立石寺」，全名為寶珠山立石寺，在今山形市內，通稱「山寺」。貞觀二年（八六〇），慈覺大師奉清和天皇敕願，開山創建。天台宗。境內約百萬坪。堂宇處處，點綴山間；勝景勝跡，誠然「宜往一觀」。

②「慈覺大師」（七九四—八六四），下野國（今栃木縣）都賀郡人。本姓壬生，法名圓仁。傳教大師（最澄，七六七—八二二）弟子，學止觀法，在東大寺受具足戒。承和五年（八三八）入唐，同十四年歸國。仁壽四年（八五四）為第三世天台座主。貞觀六年（八六四）圓寂比叡山，享年七十一歲。諡號慈覺大師。傳立石寺有慈覺大師入定窟云。

③「清閑」，清涼閑寂，超俗脫塵之境。《寒山詩》：「出家要清閑，清閑即為貴。」又：「騰騰且安樂，悠悠自清閑。」芭蕉《嵯峨日記》（元祿四年）四月十八日：「我忘貧賤而樂清閑。」

④《隨行日記》五月二十八日（陽曆七月十三日）：「辰中刻，離尾花澤往立石寺。清風以馬送至館岡（楯岡）。」後經六田、天童等地，「未之下刻抵山寺。……其日，山上、山下巡禮畢。」案：「其間」實際距離為七里半（約二九・五公里）。

有立
石寺
俗稱山寺
巖上諸僧院
門扉緊閉悄
然無聲々物々
聲佳景寂寞
但覺透心澄澈
而已一片閑寂
聲々滲入岩裡
嚶々蟬鳴

院⑧，門扉緊閉，悄然無物之聲。繞山崖，攀巨巖，拜佛閣。佳景寂寞，但覺透心澄澈而已。

一片閑寂
聲聲滲入岩裡
嘒嘒蟬鳴⑨

⑤「山上佛堂」指如法堂、開山堂、納經堂、五大堂、釋迦堂、六觀音堂、胎內堂、準提堂等。

⑥「岩重巖」，重，疊也。山寺全山由奇形怪狀、大小巖石重疊堆積而成。《水經注・江水》：「重巖疊嶂，隱天蔽日。」《寒山詩》：「重巖我卜居，鳥道絕人跡。」又：「獨臥重巖下，蒸雲晝不消。」又：「重巖中，足清風。」案：岩、巖兩漢字，形異而音同義同，芭蕉謂「岩重巖」（岩に巖を重て），則似有意區別二字，以較小者為岩（いは），較大者為巖（いはほ）。

⑦謝靈運〈石門新營所住，四面高山，迴溪石瀨，茂林修竹〉：「苔滑誰能步，葛弱豈可捫。」《寒山詩》：「登涉寒山道，寒山路不窮。……苔滑非關雨，松鳴不假風。」

⑧指觀明院、性相院、金乘院、中性院、華藏院等所謂山上十二支院。

⑨原文：「閑さや　岩にしみ入　蟬の声」王籍〈入若耶溪〉：「蟬噪林逾靜，鳥鳴山更幽。」杜甫〈和裴迪登新津寺寄王侍郎〉：「蟬聲集古寺，鳥影度寒塘。……老夫貪佛日，隨意宿僧房。」沈佺期〈遊少林寺〉：「歸路煙霞晚，山蟬處處吟。」《寒山詩》：「寒山道，無人到。……有蟬鳴，無鴉噪。……石磊磊，山隩隩。」

二八、最上川

擬乘船下最上川①，在大石田待天轉晴②。此地偶有古風俳諧種籽，散播開花③，人慕昔日風華，聊慰蘆角一聲之情④；摸索此道，而迷失於新古之間⑤，苦於無人指點云。卻之不恭，留下連句一卷⑥。此次羈旅風雅，竟有至於此

①「最上川」，日本三大急流之一（另二為富士川與球磨川）。發源於山形、福島縣境飯豐山與吾妻山火山群，北流灌溉米澤、山形、新莊各盆地；至船形轉西，横越出羽丘陵，在酒田入日本海。全長兩百六十公里。歌枕。〈陸奥歌〉：「稲船上下最上川，不見稲米只此月」（最上川　のぼれば下る　稲舟の　いなにはあらず　この月ばかり）（《古今集》東歌）。案：此歌第四句之「いな」是「稲」、「否」同訓雙關，故四、五句又有「非我無情只此月」之意。

②「大石田」，今山形縣北村山郡大石田町，為最上川來往酒田之河運要埠，且住有清風之俳友高野一榮、高桑川水等人。《隨行日記》五月二十八日（陽曆七月十四日）：「借馬赴天童。……未之中刻，抵大石田〔高野〕一榮宅。」芭蕉一行將在此停留三夜。停留期間，天候多陰，但無大雨。故《細道》所謂「待天轉晴」，應屬虛構文飾之筆。事實上，芭蕉於六月一日離大石田時，非由水路，乃經陸路前往新莊，住兩宿；三日至元合海（本合海），始乘船下最上川。

③謂大石田地區雖然偏遠，但因緣際會，貞門與談林派俳諧早在此地耕耘、播種、開花，甚至結果也。諸注或舉大石田俳人吉直與井田廣水入選《櫻

者。

最上川源出陸奧，上游流經山形。有碁點、隼等亂礁險灘⑦。繞板敷山之北⑧，終入酒田之海⑨。兩岸山勢傾覆，船划茂林間，順流而下。其裝運稻穀者，即所謂稻船歟？白糸瀑在綠葉間垂落⑩。仙人堂臨岸而立⑪。水漲湍急，舟行其上，險象環生⑫。

五月梅雨

匯成急湍滾滾

林》（一六二二序、一六七四跋）為例，以證其俳壇盛況之一端。

④「蘆角」疑是芭蕉仿蘆笛、蘆笳、胡笳或胡角等所造之新詞，指胡人以蘆葉或蘆莖所製之笛子，後來亦有以木管製之者。李陵〈答蘇武書〉：「胡笳互動，牧馬悲鳴；吟嘯成群，邊聲四起。」岑參〈胡笳歌送顏真卿使赴河隴〉：「君不聞胡笳聲最悲，紫髯綠眼胡人吹；吹之一曲猶未了，愁殺樓蘭征戍兒。」大江朝綱（八八六—九五七），平安中期著名漢詩文作者，官至參議，有〈王昭君〉詩：「胡角一聲霜後夢，漢宮萬里月前腸。」（《和漢朗詠集》卷下）。芭蕉所謂「蘆角一聲」，蓋欲以喻邊疆出羽國俳壇風雅之心歟？抑或以喻北夷胡笳蒼茫悲涼之聲歟？抑或二者兼而有之耶？

⑤「此道」指俳諧之道。清風編《後れ雙六》序云：「余雖亦同國（出羽）所生，然在心之花都住慣二年三載，徘徊於古今俳諧之道，誤入歧途。近來重新出海路，招集諸人，四季皆有應時佳作。」案：延寶末年至天和、貞享年間（約一六七五—一六八八）日本俳壇正逢由貞門、談林古風轉向元祿蕉門新風之過渡期。故邊疆俳人確有不知所從、「迷失於今古之間」之感。

⑥「連句一卷」指曾良〈俳諧書留〉所錄芭蕉、一榮、曾良、川水四吟歌仙，題〈於大石田高野平右衛門亭〉，以本章末所附「五月梅雨」為發句。

⑦《菅菰抄》：「碁點、隼，皆最上川上險灘之名也。……川中有大石六七，散佈各處，若下碁子然，故曰碁點。……隼，鳥名也。此處水底磐石並立聳矗，即在晴天，逆浪迭起而水勢至急，如隼之衝下，故有此名。」二者均在大石田上游，位於今村山市內。芭蕉僅耳聞其名，並未親臨其地。案：「隼」亦有以「早房」當之者，讀音同（はやぶさ）。

⑧「板敷山」，聳立於最上川之南，古口與清川之間。海拔六三〇公尺。歌枕。佚名：「出羽近陸奧，有山名板敷。虛擲我歲月，無奈意難舒」（陸

五月雨を
あつめて早し
最上川

最上川流⑬

奥に 近き出羽の 板じきの 山に年ふる 我ぞ侘しき）（《夫木和歌抄》）。

⑨「酒田」，今山形縣酒田市，位於最上川入海口。當時屬莊內藩鶴岡酒井家領地，為日本海航路重要港埠，貨物以稲米與最上紅花為大宗，輸往關西（京都大阪）地區。

⑩「白糸瀑」，最上川四十八瀧之最，高約二二〇公尺。歌枕。平安中期歌人源重之（？—一〇〇〇）有歌云：「最上飛瀑垂白練，宛轉山間落下來」（最上川 落ちくる瀧の 白糸は 山のまゆより くるにぞ有りける）（《夫木和歌抄》瀧）。

⑪「仙人堂」，古口下游約六公里，在最上川北岸。祀源義經侍臣常陸坊海尊。據當地傳說，海尊在義經死後，化為仙人，遨遊奧陸各地云。

⑫郢展（生平不詳）：「秋水漲來船去速，夜雲收盡月行遲。」（《和漢朗詠集》卷上・月）。《東關紀行》天龍川條：「秋水大漲，船行甚速。往還旅客，難達對岸；多有溺死者。彷彿巫峽急湍，聞之悚然。」

⑬原文：「五月雨を あつめて早し 最上川」此為本章所謂「留下連句一卷」之發句（參注⑥）。據《隨行日記》五月二十九日：「發〔句〕，一巡終。」五月三十日：「歌仙終。」連續兩日而成此歌仙，地點在大石田高野一榮宅。唯其初稿中七作「あつめて涼し」，後經推敲，改「涼し」為「早し」而成定案。日文「早」字，有急速之意。案：芭蕉一行於六月初一（陽曆七月十七日），離大石田，先騎馬至舟形，後徒步抵新莊，宿澀谷甚兵衛風流亭。初二，在澀谷九兵衛誠信處，完成七吟歌仙一巻。座上有芭蕉、曾良、柳風、孤松、如流、木端、風流等人。初三，自元合海乘船下最上川。但在《細道》中，芭蕉於新莊二日停留與連句一事，卻隻字未提。

二九、出羽三山

六月三日，登羽黑山①。訪圖司左吉②，謁別當代會覺阿闍梨③。舍南谷別院④。主人憐憫之情⑤，體貼入微。

四日，於本坊行俳諧連句會⑥。

殊勝難得

山風飄來雪香

①據《隨行日記》，芭蕉一行於六月三日（陽曆七月十九日）離開新莊，於元合海乘船，經古口、仙人堂、白糸瀑等處，至清川（鶴岡藩主酒井忠直領地）上岸，徒步經雁川（狩川），於申時抵羽黑山麓手向荒町近藤左吉宅。「羽黑山」位於今山形縣東田川郡羽黑町內，海拔四一九公尺。古來修驗道靈場。頂上有羽黑權現（今出羽神社）。案：當日芭蕉並未登上羽黑山頂，僅在傍晚，由近藤左吉帶路，前往山腰南谷別院住宿而已。

②「圖司左吉」，即上（注①）所提之「近藤左吉」（？—一六九三），俳號呂丸或露丸。營染坊。原姓圖司，自鶴岡移居羽黑時，改用母姓近藤。為當地俳壇宗匠，而於此時又拜芭蕉為師，著有芭蕉語錄〈聞書七日草〉。元祿六年（一六九三）客死京都，享年未滿四十。

③「別當」為統轄一山寺務之僧官。羽黑權現別當之職，自第五十代天宥於寬文八年（一六六八）因罪流放伊豆新島之後，即由江戶東叡山寬永寺派其現居要職者補其缺。但並不親自赴任，而另派代理人，即「別當代」，代行寺務。當時別當是東叡山執當大圓覺院法印大僧都公雄，於貞享元年（一六八四）始兼其職，人則居江戶。案：「執當」為「執事別當」之略，即坊官之長。「坊官」，管理僧坊之事務者。

南谷薰然⑦

五日，詣羽黑權現⑧。其開山祖能除大師，未審何代之人⑨。《延喜式》⑩云「羽州里山之神社」。莫非書寫時，誤以黑字為里山歟？抑略羽州黑山為羽黑山歟⑪？名為出羽者，或據《風土記》，謂此國以鳥之羽毛獻為貢物故也⑫。羽黑山與月山、湯殿合稱三山⑬。此寺屬武江東叡⑭，天台止觀之義，皓月普照⑮；圓

「會覺」（？—一七〇七），諱照寂、院號和合院、德號會覺。京都人。東叡山勸學寮出身，位至權大僧都。貞享四年（一六八七）任羽黑山「別當代」；元祿六年（一六九三）轉任美濃國（今岐阜縣）谷汲山華嚴寺塔頭地藏院。寶永四年（一七〇七）圓寂。生前好俳諧，作品見於路通編《勸進牒》（一六九一）、不玉編《繼尾集》（一六九二）、史邦編《芭蕉庵小文庫》（一六九六）等集中。案：芭蕉謁見會覺，其實在六月四日。《隨行日記》：「四日，晝時，本坊招待蕎麥切麵。謁會覺。」「阿闍梨」，梵文Acarya之音譯，教授、典範之意，用以稱天台宗、真言宗、律宗之有道高僧。在此則是對會覺之敬稱。

④「南谷」，羽黑山山腰之台地，在三坂之南約四百公尺處。「別院」，一說謂別當寺之別院，指高陽院紫苑寺，即芭蕉借宿之處。或曰：「南谷別院，為客僧、旅賓所設別墅之處。」（《奧のほそ道解》）。曾良以為是「本坊之隱居所」，並不正確。今僅存庭園及礎石之跡。

⑤《漢書・武帝本紀》：「哀夫老眊，孤寡鰥獨，或匱於衣食，甚憐憫焉。」《涅槃經》：「憐憫一切眾生。」

⑥《隨行日記》六月四日：「往本坊……謁會覺。……俳。」案：「本坊」指若王寺寶前院，時為別當代之住處，設有支配社領、處理教務之辦事處。在羽黑山山腰，二坂、三坂間西側台地上。此次連句會，〈俳諧書留〉題「於羽黑山本坊舉行。元祿二年六月四日」。為八吟歌仙（芭蕉、梨水、露丸、圓入、曾良、會覺、釣雪、珠妙）。首日僅成「表」八句即散；五日，「俳，不滿一摺。」至九日，在南谷別院，終告「滿尾」。

⑦原文：「有難や　雪をかほらす　南谷」此句即本坊八吟歌仙之發句。初稿下五作「風の音」（かぜのおと），後改為「南谷」（みなみだに）。《孔子家語・辯樂解》：「昔者，舜彈五絃之琴，造〈南風〉之詩。其詩曰：『南風之薰兮，可以解吾民之慍兮。』」白居易〈首夏南池獨酌詩〉：「薰風自南至，吹我池上林。」蘇軾〈足柳公權聯句〉：「人皆苦

頓融通之教，法燈永傳⑯。僧坊連棟，修驗勵法⑰；靈山靈地，靈驗神效，人人敬而畏之。昌隆已久，可謂證果圓滿，誠寶山也。

八日⑱，登月山。身披木綿注連⑲，頭纏白布寶冠⑳，強力引路㉑，雲霧山氣中，踏冰雪而上，登八里㉒，疑入日月行道之雲關㉓；氣斷續而體凝凍，終至峰巔，則日沒月現矣㉔。乃鋪細竹，枕篠枝，臥以待旦㉕。日出雲消，即下

炎熱，我愛夏日長。薰風自南來，殿閣生微涼。」

⑧《隨行日記》六月五日：「晚飯後，先詣羽黑神前。」所謂「權現」，指佛為濟度眾生，「權」且「現」身為日本之神。源於神佛混淆、本地垂跡之說。舟也編《日本賀濃子》〈羽黑權現〉條：「此山權現，稻倉魂神也，推古天皇元年（五九三）現於此國云。社領千三百石餘。別當屬天台宗。坊舍三十六坊。山伏七十六寺。」案：原為伊氏波神社，依神佛混淆之說，羽黑權現乃觀音菩薩之「本地垂跡」。《出羽國羽黑建立次第》（一五六〇）：「觀音湧出之靈場也。」

⑨傳會覺所編《三山案內種瓢》云：「當山開基，能除太子，法名弘海。」呂茄編《三山雅集》（一七一〇）引〈舊記〉曰：「崇峻天皇（在位五八七—五九二）第三皇子，一名參拂理。……〔因故〕放北海之濱。然太子即歸佛門，詣拜聖德太子（五七四—六二二）為師，薙髮染衣。法名弘海。心性勇猛，偏有淩雲之志。暫離京城，棲遼濱。往攀羽山，修捨身行，住阿久谷逾三秋。衣以藤皮，食以樹果。平日無他辭，特信《般若經》力，誦『能除一切苦』之文，又誦『能除一切空』之文。故稱之曰能除仙。云云。」芭蕉之所以言「未審何代之人」者，蓋雖有載籍，而多屬傳說，且世代敻古，故不敢盡信之以為真也。

⑩《延喜式》，書名，五十卷。平安中期之法令集。醍醐天皇延喜五年（九〇五），藤原時平（八七一—九〇九）、紀長谷雄（八五一—九一二）、三善清行（八四七—九一八）等，奉敕蒐集朝廷儀式、百官禮節、年中行事、諸國慣例等等，撰成一書。於延長五年（九二七）完成。但其中並無任何有關羽黑山之記事。

⑪《東鑑》承元三年（一二〇九）五月五日條：「出羽國里山眾徒等群參。」《三山雅集》：「《東鑑》載出羽國里山眾徒，如此寫法，蓋出羽國羽黑山之誤。又，羽州黑山之略歟。」《出羽國風土記》（一七六二）：「《東鑒》有出羽國里山眾徒之語，〔里山〕是黑字之

山，往湯殿㉖。

谷中一隅有鍛冶小屋㉗。該國有刀匠覓得靈水於此，齋戒鍛劍，遂以月山銘之，為世所重。蓋慕彼干將、莫耶淬劍龍泉之故事者㉘；其能精於此道而固執之，淬礪之情可知也。

且坐石上小憩，見有櫻樹，高三尺許，蓓蕾半開㉙。隱埋積雪中，竟不忘春季；晚櫻之花，心意殊勝。可比炎天梅花之散其芳香㉚。因憶行尊僧正詠哀之歌㉛，更覺情趣盎然。

誤。羽黑蓋出羽黑山之略。」可見芭蕉之疑問，他人亦有言及之者。

⑫不玉編《繼尾集》（一六九二）呂丸序：「昔《風土記》記鳥羽為此國貢物。」《三山雅集》：「上古因貢鷹之毛羽，故以為國名，見於古史。」坂內直賴著《本朝諸社一覽》（一六八五）卷七：「上古此地貢鷲鷹羽毛，故曰出羽云。」所謂《風土記》，類地方志。奈良時代，元明天皇和銅六年（七一三），命諸國修「風土記」，蒐錄各地地名由來、土地肥瘠、地貌、物產、風俗習慣、歌謠、神話、民間傳說等。現存者有出雲、播磨、常陸、豐後、肥前五國《風土記》；其他《風土記》逸文中，亦不見任何與出羽國相關之隻言片語。

⑬「月山」，出羽三山之最高峰，海拔一九八〇公尺。頂上鎮坐月山權現，以月讀命為祭神，即阿彌陀如來之本地垂跡，號暮禮山月山寺。「湯殿」，湯殿山，海拔一五〇四公尺。以整座山為神體，山腰有祭祀大山祇命、大己貴命、少彥名命之湯殿山權現，以大日如來為本地垂跡，號湯殿山日月寺。

⑭「武江東叡」，武藏國江戶東叡山寬永寺。天台宗關東總本山，為幕府德川家菩提寺。原屬真言宗。第五十代別當天宥於寬永八年（一六四一）改屬天台宗。

⑮「止觀」，佛家語。止息妄念，防其再起謂止；照見事理，識別諸法謂觀。天台教義，以為通過止觀，即可成佛。《金陵語錄》：「定慧為菩薩，止觀為佛。」「皓月普照」謂天台教義，澄澈如明月，遍照眾生，以喻其盛，無所不及也。

⑯「圓頓融通」，佛家語。天台宗以為其所信奉，貫通諸經歧義，調和各宗異說；圓融無缺，故自稱圓教。就其行位而言，稱為「圓頓」。頓有立地、即刻之意，謂諸法「融通」無礙，一法圓滿一切法；一念開悟，即可頓得佛果也。「法燈」，喻佛法如暗夜明燈。又指佛法相傳之命脈或法統。

然依行者法式㉜，山中詳情，
禁止外漏，是以擱筆不錄㉝。
歸至宿坊㉞，應阿闍梨之請，
書三山巡禮諸句於詩箋㉟。

涼意絲絲
朦朧一彎新月
羽黑山上㊱

雲峰高聳
崩散處處聚合
幻成月山㊲

⑰「修驗」謂修驗者、山伏。（請參〈八、黑羽〉注⑨—⑩）。「勵法」謂力行佛道諸法，在此特指密教行者之十八道、金剛界、胎藏界、護摩四法之傳授與修持。

⑱「八日」，據《隨行日記》，實際登月山日期是六月六日（陽曆七月二十二日）：「申之上刻至月山。先拜御室（月山權現），至角兵衛小屋（山上住宿處）。」。七日赴湯殿，暮返南谷。八日在南谷休息，並行下山齋戒。

⑲「木綿注連」，日文漢詞。「木綿」（ゆふ）指楮樹，其纖維可織布或製紙。亦可以麻代之，謂之「真麻（まそ）木綿」。案：以楮布、麻繩或紙捻編成輪狀，圍掛頸上而垂胸前，為修驗者（山伏）袈裟所必備，謂之「注連」（しめ）。依慣例，登月山者，自登山前潔齋直至下山，必須披帶注連，可以祓除不潔云。

⑳「寶冠」，或書「法冠」（ほうくゎん），又稱「長頭襟」，修驗者所用白布纏頭巾也。巾長有五尺、六尺、十二尺之別。職階較高者用長巾，一般修道者則用短巾。許六編《風俗文選》（一七〇六）引〈富士賦〉：「禪定之人，頭纏寶冠。」案：「禪定之人」謂登靈山修行之僧侶。

㉑「強力」指修驗者之弟子，充當登山客之導遊兼腳夫者，又稱「先達」。

㉒「八里」，實際距離是六里二町十五間，約二十四公里。

㉓「雲關」，日月運行所經之雲中關口，喻高空或神話中之天門。良岑宗貞（僧正遍昭，八一六—八九〇）〈五節舞を見て〉：「天風請閉雲中路，暫留舞姬在人間」（天つ風　雲の通ひ路　吹きとじよ　乙女の姿　しばしとどめむ）（《古今集》雜歌上）。李白〈遊泰山〉：「平明登日觀，舉手開雲關。」

㉔據《隨行日記》，芭蕉一行於「申之上刻」（下午三時至四時）登至山頂。

㉕當晚住小兵衛小屋（供登山客過夜之簡單宿處），並非露宿。

不可言說
湯殿靈妙莊嚴
霑濕衣袖㊳
湯殿山上
踩過賽錢遍地
熱淚盈眶㊴

曾良

㉖自月山山頂至湯殿山神社，約八・五公里，徒步約需兩小時。

㉗「鍛冶小屋」，在月山山頂下約〇・三三公里處，當時已改成役者夜宿小屋。《和漢三才圖會》：「〔山頂〕稍下有人家，名小屋。在此一宿。昔稱月山刀之鍛冶舊跡在此。」《三山雅集》：「昔有鍛冶師，祈有佳名之劍，居此鑄之，銘曰『月山』，今傳於世。」

㉘「干將、莫耶」，古傳夫妻鑄劍者。亦指其所鑄劍名。事見《荀子》、《搜神記》、《吳越春秋》、《太平御覽》、《列異記》等書。日本《今昔物語集》及《曾我物語》等軍記物語中，多有引用之者。「龍泉」，原名「龍淵」，唐時避高祖李淵諱，改稱龍泉。亦古劍名。又水名。《史記・荀卿傳》注：「汝南西平縣有龍淵水，可用淬刀劍，特堅利。」但諸多相關故事中，似無干將莫耶（一作莫邪）與龍泉並提者。尾形仂《評釋》與久富哲雄《全譯注》均以為芭蕉所言，當據室町時代軍記物語《太平記》（一三六八—一三七九成立）卷十三：「昔周代末年，楚王欲以武取天下，習戰好劍，歷有年所。一日，楚王夫人倚鐵柱納涼，心中忽覺有異而懷孕焉。十月後分娩，輾轉蓐席上，忍痛良久，竟產一鐵丸。楚王不怪之，確信此乃鐵之精靈，即召鐵匠干將，命其用此鐵丸，鑄寶劍以進。干將獲賜此鐵，乃與妻鏌鎁同往吳山中，淬以龍泉水，三年內鑄出雌雄二劍。」案：「淬」，打造刀劍時，以燒紅之鐵浸入水中，重複多次，可使刀劍又堅又利。

㉙芭蕉所見「櫻樹」，是晚櫻（遲櫻）之一種。高山植物，俗稱岳櫻，又稱峰櫻或高嶺櫻。芭蕉來訪時，正值開花季節。

㉚陳與義〈題趙少隱青白堂〉：「雪裡芭蕉摩詰畫，炎天梅蕊簡齋詩。」（引自《禪林句集》）。摩詰，王維字。盛唐詩人畫家（七〇一—七六一）。簡齋，北宋詩人陳與義（一〇九〇—一一三八）之號。案：「雪裡芭蕉」與「炎天梅蕊」，乃畫家、詩人筆下之物，均非現實之景。而芭蕉所見雪埋晚櫻，卻是實景，自然天工，可比人為之傑作也。

㉛「行尊僧正」（一〇五七—一一三五），平安後期天台宗寺門派高僧。皇族後裔。十二歲出家，學密教。十七歲起行腳諸國，巡歷各地名山。保安四年（一一二三）為天台座主。天治二年（一一二五）任大僧正。身為山伏修驗行者，有「修驗無雙」之譽。又善和歌、音樂、書法。據《三山雅集》，生前曾兩次曳杖羽黑。其和歌〈不意於大峰見櫻花開〉：「山櫻相看誠可哀，此情花外無人知」（諸共に　哀と思へ　山櫻　花より外に　知人もなし）（《金葉集》雜上）。

㉜「行者」，修驗道修行者，苦行僧。「法式」，戒律也。欲登三山參拜者，登山前後均需齋戒。芭蕉一行於登山前一日（六月五日）斷食，且掛上注連。下山後一日（八日）行「後精進（齋戒）」，九日斷食至中午，食素麵，除去注連，

㉝《陸奧千鳥》：「規定堅守秘密，不得談論種種尊貴之事。」《三山雅集》：「權現靈場甚為隱密，不可說。既在靈前發誓，一說便罪孽深重矣。」

㉞「宿坊」，指南谷別院。《隨行日記》六月七日：「及暮，歸南谷。疲甚。」

㉟「阿闍梨」即別當代和合院會覺（參注③）。據《隨行日記》八日條：「午時始晴。和交（和合）院來，至申刻。」可知會覺於八日來南谷，而芭蕉應其所請而書之「三山巡禮諸句」，或即成於此日。一說當在九日「八吟歌仙」滿尾之後。

㊱原文：「涼しさや　ほの三か月の　羽黑山」此句初稿見於〈俳諧書留〉，上五作「涼風や」。在《細道》中改成「涼しさや」。新月黯淡下，山色朦朧中，羽黑更添神祕色彩。

㊲原文：「雲の峰　幾つ崩て　月の山」積雲如峰，或聚或散；月山矗立，或隱或現。變化不居，如虛如幻。陶潛（一說顧愷之）〈四時詩〉：「春水滿四澤，夏雲多奇峰。秋月揚清暉，冬嶺秀孤松。」

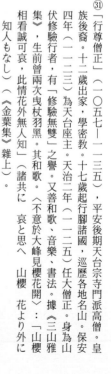

㊳原文：「語られぬ　湯殿にぬらす　袂かな」「不可言說」與本文「山中詳情，禁止外漏」，前後呼應。據《陸奧千鳥》：「靈地奇瑞，人人雀躍歡喜。詣此一度，年年懷之。故名『戀之山』。」其所以「霑濕衣袖」，蓋有三層含意。湯殿是溫泉，與「濕」有緣；對神靈感恩戴德之淚；以及為不可告人之戀情而暗自飲泣。或曰，湯殿與性器崇拜有關，故不可言說也。其「神體」為一巨巖洞穴，類女陰形，溫泉自內汩汩流出。源顯仲（一〇五九－一一三九），平安後期公卿，有歌云：「戀山篠葉叢生處，露濃初入衣袖濕」（戀の山　しげき小笹の　露分けて　入りそむるより　濡るる袖かな）（《新敕撰和歌集》戀）。

㊴原文：「湯殿山　錢ふむ道の　泪かな」《隨行日記》六月七日(陽曆七月二十三日)：「往湯殿。……有小屋。不淨垢離，在此淋水。稍前行，換草鞋，掛注連，下至〔湯殿山神社〕。自此進後院，所帶金銀錢幣不得持歸。不得撿拾落在路上之物。只許淨衣、法冠、注連以行。」《諸州採藥記》（一七二一）：「裝束小屋，在此改換衣服，將所帶金錢等物寄存於此。自此前行所見，嚴禁告訴他人。道旁青錢多如砂粒，然無人拾取。」又《菅菰抄》：「依此山中之法，落地之物不得取之。故巡禮者所投金銀如小石，錢幣如土砂。人往來其上。」

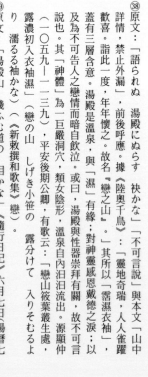

三〇、鶴岡、酒田

離羽黑，往鶴岡城下①，承邀至武士長山氏重行家②，吟俳諧一卷③。左吉亦相陪至此。乘河船下酒田港④。宿醫師淵庵不玉家⑤。

望溫海山
回首吹浦迢迢

①「鶴岡」，今山形縣鶴岡市，在羽黑西方約十二公里。時為莊內藩主酒井左衛門尉忠直（十四萬石）之城下町。「城下」即城下町，指在封建藩主居城周圍與附近發展出來之街市。《隨行日記》六月十日：「自左吉宅，翁騎馬。釣雪送至光堂。左吉同道。……申刻，至鶴岡長山五郎右衛門宅。」在大昌寺東側（今鶴岡市山王町）。一行將在此住三夜。

②「長山氏重行」，即長山五郎右衛門，俳號重行，別號無分別軒。生卒年不詳。酒井家藩士。在江戶出勤期間曾訪深川芭蕉庵，且已入門為弟子。

③「俳諧一卷」，據《隨行日記》十日：「入夜發句，一巡終。」十一日：「有俳。翁宿疾不適，傍午中斷。」十二日：「俳，歌仙終。」是芭蕉、重行、曾良、露丸之四吟歌仙。連句見於〈俳諧書留〉，題云：「元祿二年六月十日—羽黑七日齋居。」芭蕉發句：「新奇稀有　始見出羽山中　初產茄子」（めずらしや　山を出羽の　初茄子）。

④《隨行日記》六月十三日（陽曆七月二十九日）：「乘河船往坂田（酒田）。船上七里，陸路五里。……及暮，抵坂田。」芭蕉等人在鶴岡町人形橋（今大泉橋）附近上船，下大泉川，出赤川，經橫山、押切、黑森，出最上川下游，至酒田。「酒田」，一作坂田（さかた），今酒田市。當

迎來晚涼⑥
一日暑氣
滔滔注入海中
最上湍流⑦

時屬莊內藩。寬文年間（一六六一—一六七三），河村瑞賢（一六一七—一六九九）所開西迴（日本海）航路之起點，為日本東北地區物產集散中心。

⑤「淵庵不玉」，本名伊東玄順（一六四〇—一六九七），號淵庵，俳名不玉。莊內藩主侍醫。大淀三千風《日本行腳文集》謂「酒田宗匠伊藤氏玄順」，可見其在當地俳壇之地位。原屬談林系，芭蕉來訪後，改入蕉門。撰有《繼尾集》等書。

⑥原文：「あつみ山　や吹浦かけて　夕すずみ」據《隨行日記》，此為六月十九日（陽曆八月四日）至二十一日，芭蕉自象潟返酒田後，在伊東玄順亭三吟歌仙（芭蕉、不玉、曾良）之發句。「溫海山」在酒田西南約四十公里，溫海町之東，海拔七二八公尺。「吹浦」，海濱名，在酒田北方約二十公里，今山形縣飽海郡遊佐町吹浦，古為秋田海道驛站。《菅菰抄》：「自（酒田）袖浦環望，南有溫海山，北有吹浦，盡收眼底。前有海洋浩淼，佳景無限。『溫』與『吹』之對照配合，須於言外得之。」

⑦原文：「暑き日を　海に入れたり　最上川」〈俳諧書留〉錄有「六月十五日於寺島彥助亭」連句（只錄七句，餘略），為芭蕉、詮道、不玉、定連、曾良、任晚、扇風七吟歌仙。此即其發句。但上五中七作「涼しさや　海に入たる」（涼氣浙浙　滔滔注入海中）。據《隨行日記》：「十四日，應寺島彥助亭招待。有俳。入夜歸。暑甚。」可見此次句會，當在十四日。十五日則離開酒田，在前往象潟路上矣。案：「寺島彥助」，號安種亭，俳名詮道。酒田豪商，任海浦官員。

三一、象潟

閱盡江山水陸風光①，而今象潟纏繞方寸間②。自酒田港朝東北方，越山陵、攀礒岸、踩砂濱③，其間十里④。日影漸斜，晚潮風起，沙塵飛揚；陰雨朦朧中，鳥海山隱而不見⑤。暗中摸索，若云「雨亦奇」，則雨後晴空，更多妙

①芭蕉自謂已閱盡日本各地「江山」勝跡也。《新唐書・張說傳》：「為文屬思精壯。……〔張說〕既謫岳州，而詩愈悽惋，人謂得江山助。」杜甫〈後遊〉：「江山如有待，花柳更無私。」歐陽修〈送王學士赴兩浙轉運〉：「平昔壯心今在否，江山猶得助詩豪。」陸游〈偶讀舊稿有感〉：「揮毫當得江山助，不到瀟湘豈有詩。」芭蕉特用「江山」一詞，其用意甚明。「水陸」即「江山」。據尾形仂《評釋》，江指名取川、北上川、最上川；山指日光山、淺香山、出羽三山；水指鹽竈、松島；陸指那須野、宮城町、平泉等。久富哲雄《全譯注》則以為此章首句（「江山水陸の風光數を盡して」），應解作「江山水陸風光盡數〔在象潟〕」。

②「象潟」，出羽國由利郡名勝，今秋田縣由利郡象潟町。在酒田東北約五十公里（餘詳〈六、日光山〉，注⑪）。「方寸」謂心。心在胸中方寸之間，故云。《列子・仲尼》：「吾見子之心矣，方寸之地虛矣。幾聖人也。」寒山詩：「可貴天然物，獨一無伴侶。覓他不可見，出入無門戶。促之在方寸，延之一切處。你若不相愛，相逢不相遇。」

③《陸奧千鳥》：「自酒田往象潟之路，險惡難行。半為山路，踩岩稜，牛馬不通。半為海岸，荒砂小徑。行行至鹽越，即象潟也。」

趣⑥；乃容膝於漁夫茅屋中，以待雨霽⑦。

翌晨，雨過天晴，豔陽初照，即浮舟象潟水上⑧。先泊舟能因島，訪其幽居三年之跡⑨。旋至彼岸，捨舟登陸，則見和歌所詠「花上划舟」之櫻花老樹，即西行法師之所遺也⑩。岸上有皇陵，傳為神功皇后之墓⑪。有寺名干滿珠寺⑫。然未聞皇后駕幸此地，不知何以言之。坐此寺方丈內，捲簾眺望，風景盡

④「其間十里」指酒田至鹽越（象潟）之距離。《隨行日記》六月十五日（陽曆七月三十一日）：「往象潟。晨小雨。至吹浦前，大雨。晝時抵吹浦，宿。此間六里，有砂濱、渡口二。」十六日：「離吹浦。……一里，女鹿。自此難行，馬足不通。……一里半，小砂川，天領也。……至鹽越三里，半途有關村，曰有耶無耶關。……及晝，抵鹽越。」據此行程計算，得十一里半；而實際距離為十二里（約四七公里）。《細道》所謂「十里」，大致言之耳。

⑤「鳥海山」，在象潟東南約二〇公里，山形縣飽海郡與秋田縣由利郡交界，海拔二二三六公尺。山形似富士而美，故有「出羽富士」或「秋田富士」之稱。葉苔磯〈西湖值雨〉：「山入煙雲半有無，驀然風雨暗平湖。」（《聯珠詩格》二引）。

⑥蘇軾〈飲湖上初晴後雨〉：「水光瀲灩晴方好，山色空濛雨亦奇。若把西湖比西子，淡妝濃抹總相宜。」室町末期五山禪僧策彥周天（一五〇一—一五七九）〈晚過西湖〉：「餘杭門外日將晡，多景朦朧一景無。參得雨奇晴好句，暗中模索識西湖。」（《南遊集》）。

⑦據《隨行日記》十六日，經過「有耶無耶關」時，「雨大濕甚。入漁夫小茅屋休息。」「容膝」喻居處狹小也。《韓詩外傳・九》：「今如結駟列騎，所安不過容膝。」陶潛〈歸去來辭〉：「倚南窗以寄傲，審容膝之易安。」能因法師歌：「人生天地間，隨緣隨處住。象潟漁夫家，茅屋是我宿」（世の中は　かくても經けり　象潟の　蜑の苫屋を　わが宿にして）（《後拾遺集》羈旅）。藤原顯仲：「身是天涯客，浪跡象潟邊；漁家茅屋裡，幾度促膝眠」（さすらふる　わが身にしあれば　象潟や　蜑の苫屋に　あまたたび寢ぬ）（《新古今集》羈旅）。案：當日芭蕉一行並未在此漁夫小屋過夜，《隨行日記》：「及晝，抵鹽越。……借宿向屋。」

⑧《隨行日記》六月十七日：「晨，小雨。晝止，日始照。……晚飯後，出

收眼底⑬：南眺鳥海山⑭，高聳天際，倒影水上。西望母耶母耶關⑮，關道遙深⑯。東築堤岸，遠通秋田道路⑰。北控海洋，白浪滔天處，謂之汐越⑱。海灣縱橫一里許⑲，貌似松島而大異其趣⑳：松島如笑，象潟如怨。地勢荒漠，淒然含悲，若斷腸人之在天涯也。

象潟苦雨
西施愁鎖眉黛

船潟上。」所記天候與時間大異於《細道》所述，是亦芭蕉慣用之虛構筆法歟？

⑨「能因島」，又名「入道島」，相傳能因法師隱居之潟中小島，在蚶滿寺南方約四百公尺，今已成面積僅六百坪左右之小丘矣。案：從上（注⑥）所引「世の中は」和歌前言：「訪出羽國在象潟詠」，可知能因確曾遊歷象潟。至於在此「幽居三年」之說，諸注則多加置疑。芭蕉蓋據當地口傳而言之。「能因」小傳，請詳〈一一、白河關〉注⑥。

⑩「西行」（一一一八—一一九〇），平安後期歌人。《和漢三才圖會》云：「俗名佐藤兵衛藤原憲清。……達弓馬，習管弦，善和歌。出奧州，奉仕鳥羽法皇，為北面衛士。然有避世心，遂出家，號圓位。後名西行。」案：根據諸注考釋，目前並無西行曾遊象潟之任何證據。但相傳有歌一首云：「象潟櫻花埋波裡，花上划過釣魚舟」（象潟の　櫻は波に　埋もれて　花の上漕ぐ　蜑の釣り舟）。由於此歌，文中之「櫻花老樹」，又名「西行櫻」。

⑪「神功皇后」，第十四代仲哀天皇之后。夫皇崩後，督軍親征三韓，凱旋途中，生十五代應神天皇。自為攝政，長達六十九年（二〇一—二六九）。崩於稚櫻宮，享年百歲，葬狹城盾列陵。事見《古事記》、《日本書紀》。故「岸上皇陵」當非「神功皇后之墓」，芭蕉亦疑團莫釋，乃有「不知何以言之」之語。

⑫《菅菰抄》：「干滿珠寺，又云干滿寺，或書蚶滿寺。……按：此寺在蚶潟（象潟）畔，原稱蚶滿寺，不知何時改書干滿。有好事者以神功皇后征韓時，攜回干珠與滿珠二顆，乃穿鑿傅會，在干滿之下，加珠字以為寺號。……又造皇后之陵墓。」據不玉《繼尾集》：「臨水一座禪剎，額曰『皇后山蚶滿種寺』。」仁壽三年（八五三）慈覺大師再興，改稱蚶滿寺。正嘉元年（一二五七）北條時賴時，建立大伽藍，改天台宗為曹洞宗，改寺名為干滿寺。

合歡花濕㉑
浪拍汐越
濕了淺灘鶴脛
海上風涼㉒

祭禮

象潟廟會
該喫甚麼料理
祭神時節㉓

曾良

漁夫人家
門板鋪在地上
且納晚涼

⑬「方丈」，一丈四方之小僧坊，謂住持居處或寺院正殿。此指後者。王勃〈滕王閣詩〉：「畫棟朝飛南浦雲，珠簾暮捲西山雨。」白居易〈香爐峰下新卜山居草堂初成偶題東壁〉：「遺愛寺鐘欹枕聽，香爐峰雪撥簾看。」《繼尾集》：「月明之夜，捲方丈之簾，則巫山十二峰即在眼底。」案：「捲簾」或「撥簾」意象，日本人顯然頗為喜愛。清少納言《枕草子》（約一〇〇〇成立）第二八四段（「雪のいと高う降りたるを」）中，有談論〈香爐峰〉一詩捲簾看雪之佳話。

⑭「南」，實際方向是東南，以下，「西」是西南，「東」是東北，「北」是西。如此方向誤差，是芭蕉錯覺所致，抑或有意為之，不得而知。

⑮「母耶母耶」（もやもや），關名。通稱「有耶無耶」（うやむや），在象潟南方約四公里。又稱「伊耶無耶」（いなむや）、「無耶無耶」（むやむや）、「布耶布耶」（ふやふや）等，皆指同一關隘。歌枕。重家（？）：「大雪下未停，埋沒倭文誌，無耶無耶關，不知在何處」（降る雪に　しづのしをりも　埋もれて　たづきも知らぬ　むやむやの關）（《夫木和歌抄》關）。案：「倭文誌」，原文「しづのしをり」之漢譯，指以日本古傳「倭紋布」在路上所作標誌，以防迷路也。陶潛〈桃花源記〉：「便扶向路，處處誌之。……尋向所誌，遂迷不復得路。」

⑯源順（九一一—九八三）〈秋日遊白河院詩序〉：「南望則有關路之長，行人征馬駱驛翠簾之下。」（《本朝文粹》卷十一）。

⑰「秋田」，今秋田市。當時為出羽國佐竹右京大夫義處（二十萬石）之城下町。

⑱「汐越」，今象潟町西邊，原為日本海潮汐湧入象潟淺灣處，亦為當時村名。

⑲日本一里為三十六町，等於約三．九公里。當時象潟灣實際面積是：東西二十餘町，南北三十餘町。芭蕉謂「縱橫一里許」，大略言之耳。

⑳中山高陽（一七一七—一七八〇）著《奧遊日錄》（一七七二）云：「竊以為松島壯麗，天下無比；象渚（潟）閑雅，亦天下無雙。四方僅一里

美濃國商人低耳㉔

巖上見雎鳩巢

結誓比翼
不讓波浪逾越
雎鳩愛窩㉕

曾良

許，大海之傍，別集一區之幽邃。……松島，李將軍大幅著色山水也；象潟，北苑溪墨手卷也。」此又是另一比較觀點，可供參考。

㉑原文：「象潟や　雨に西施が　ねぶの花」《莊子・天運》：「西施病心而矉其里，其里之醜人見而美之，歸亦捧心而矉其里。」案：矉，病苦而皺眉，通顰。「合歡」，豆科。落葉喬木，葉互生，羽狀複葉，廣披針形。晝間張開，夜間或外物碰觸時合攏。夏季梢頭開花，繖形花序，花紅色，花冠成漏斗形。莢果大而扁平。又名合昏、馬纓花等。此句蓋從雨中合歡花，聯想西施顰目，以為象潟沉鬱哀怨之象徵。

㉒原文：「汐越や　鶴はぎぬれて　海涼し」據〈俳諧書留〉所錄，此句上五作「腰長や」。腰長（こしたけ）為汐越淺灘之名。「鶴脛」，平常用來比喻人在水中，高高撩起衣服下擺而露出之小腿。此處用其原意，即細長之鶴腳，與地名語意雙關。

㉓原文：「象潟や　料理何くふ　神祭」《隨行日記》六月十六日：「當地有祭禮，故有女客。」十七日：「朝飯後，往皇后蚶滿寺。……歸，路過當地祭典。往熊野權現，觀舞蹈等。」芭蕉一行來象潟，正值當地祭神季節。曾良此句初稿見於《繼尾集》，中七原作「幾代になりぬ」（經過幾代），直接蹈襲能因法師：「天にます　豐岡姬に　こととはん　幾代になりぬ　象潟の神。」（敢問天上豐岡姬，經過幾代象潟神）（《松葉集》）。案：豐岡姬即天照大神，一說主司食物之神。

㉔原文：「蜑の家や　戶板を敷て　夕涼」「低耳」，美濃國商人，本名宮部彌三郎，談林系俳人。

㉕原文：「波こえぬ　契ありてや　みさごの巢」《詩・關雎》：「關關雎鳩，在河之洲。窈窕淑女，君子好逑。」朱熹注：「雎鳩，水鳥，一名王雎，狀類鳧鷖。……生有定偶而不相亂，偶常並遊。」〈陸奧歌〉：「思君若仍有兩意，海浪應漫末松山。」（已見〈一九、末松山、鹽竈浦〉，注③）。

三二、越後路

酒田盤桓，日復一日①；眺望北陸道②，浮雲飄忽。聞加賀府城③，去此一百三十里，前程迢遙，思之愴然。過鼠關④，步行越後之地⑤，抵越中一振關⑥。其間九日⑦，溽熱潮濕，勞神致疾，是故路上之事，略而不記。

①據《隨行日記》，芭蕉一行於六月十八日（陽曆八月三日），自象潟返抵酒田，盤垣至二十五日。其間，十九日至二十一日，在淵庵不玉處，完成以「望溫海山」（あつみ山）為發句之三吟歌仙（已見〈三〇、鶴岡、酒田〉章；詳注⑥）。廿五日離酒田時，有俳友不玉父子（子名玄的）、德左、四良右、不白、玉志、任曉、低耳等多人相送，遠至袖浦而返。

②「北陸道」，日本七道（東海、東山、北陸、山陰、山陽、南海、西海）之一，指日本海沿岸中部若狹、越前、加賀、能登、越中、越後、佐渡等七國。相當於今福井、石川、富山、新潟縣地區。

③「加賀府城」，指「金澤」，加賀藩前田家（一二五萬石）城下町，時為北陸最大都市。今石川縣金澤市。

④「鼠關」，古稱「念珠關」，或書「念種關」（ねずのせき），為奧羽三關之一。在出羽與越後國界，臨近海岸。今山形縣西田川郡溫海町內，立有關跡碑。

⑤「越後」，北陸道七國之一。約當今新潟縣，但不包括佐渡島。

⑥「越中」，亦北陸道七國之一。今富山縣。「一振」，普通書作「市振」（いちぶり），位於越後境內，距越中國界尚有一里。關址在今新潟縣西

文月迎秋
初六不似常夜
七夕前夕⑧

怒海滔天
橫亙佐渡蒼莽
星河閃爍⑨

頸城郡青海町市振。

⑦根據《隨行日記》，芭蕉一行辭別酒田後之住宿行程如下：大山（六月二十五日）、溫海（二十六日）、中村（二十七日）、村上（二十八、二十九日）、築地村（七月一日）、新潟（二日）、彌彥（三日）、出雲崎（四日）、鉢崎（五日）、今町（直江津，六、七日）、高田（八、九、十日）、能生（十一日），而於七月十二日（陽曆八月二十六日）抵達市振。故其間日數，即使從鼠關起算亦不止九日。

⑧原文：「文月や　六日も常の　夜には似ず」此為七月六日（陽曆八月二十日）於直江津（今町）古川市左衛門家連句之發句。芭蕉、石塚喜衛門左栗、曾良、聽信寺眠鷗、石塚善四良此竹、同源助布囊、佐藤元仙右雪、義年之八吟歌仙。〈俳諧書留〉僅錄二十句，似未滿尾。「文月」，日人對陰曆七月之雅稱。七夕為日本「五節」之一。所謂五節（五節供或五節句之省），即人日（一月七日）、上巳（三月三日）、端午（五月五日）、七夕（七月七日）與重陽（九月九日）。據云，在北陸道各地，自古以來，七夕前夜便有慶祝活動，街市頗為熱鬧。是否因此而令芭蕉有「不似常夜」之感？又，後素堂著《奥のほそ道解》（一七八七）引《玉葉集》野宮左大臣〈待七夕〉：「秋來誰不心有待，牛郎夜逢織女星」（何となく　秋にしなれば　彥星の　逢ふ夜を誰も　待つ心地して）。又引冷泉為村（一七一二—一七七四）〈題七夕前夜〉：「明日隔年雙星會，一夜但覺千夜長」（年をさへ　隔てて星の　明日を待つ　一夜や千夜の　思ひなるらんし）。並謂：「以此二首之心，讀蕉翁吟『初六不似常夜』之情，不禁趣味盎然。」亦可供參考。案：此句全句意謂「文月六日不似常夜」，譯文中「迎秋」、「七夕前夕」為譯者所加，所謂加字翻譯也。

⑨原文：「荒海や　佐渡によこたふ　天河」「佐渡」，北陸道七國之一。今新潟縣佐渡郡。日本最大島嶼，在日本海中。張文潛〈七夕歌〉：「神

官召集役靈鵲，直渡銀河橫作橋。」芭蕉為其句所作前言〈銀河序〉云：「行腳北陸道，夜宿越後國出雲崎。佐渡島，海上十八里，滄波遙隔。東西橫伏，長三十五里（案：其實僅約十六里）。山峰險巇以至谷中角落，彷彿近在咫尺，清晰可見。此島盛產黃金，宜其為世上可貴之寶地也；而竟成重犯朝敵遠流之處，惡名可怖，不能無憾焉。推窗遠眺，暫慰旅愁。日既沉海，月色微茫。銀河懸天，繁星閃耀。海上屢傳潮音，奪人魂魄，斷人肝腸，無端生悲。旅次難於入夢，不禁淚濕緇衣之袖矣。」（許六編，《風俗文選》收）。案：〈銀河序〉又見於正興編《柴橋》、曾良編《雪滿呂氣》等書，以及多種「懷紙」真跡，但長短不一，內容稍異。〈序〉中之「出雲崎」，今新潟縣三島郡出雲崎町，佐渡島即在其北北西海上。芭蕉一行於七月四日夜宿此地。所謂「遠流」，依日本律令，流刑有「三流」，即近流、中流、遠流。遠流適用於最大罪犯。《延喜式》規定安房、常陸、佐渡、隱岐、土佐為遠流之處。史上遠流佐渡者，包括日蓮（一二二二—一二八二）、日野（藤原）資朝（一二九〇—一三三二）、順德上皇（一一九七—一二四二）、京極（藤原）為兼（一二五四—一三三二）、世阿彌（一三六三—一四四三）等著名人物。

三三、市振

今日過親不知子不知、犬戾、駒返等北國第一危岸險灘①。疲憊不堪，引枕就寢。忽聞前方隔間房內，傳來少婦二人之聲，偶亦夾一老者隨聲應和。聽其言，乃越後國新潟之遊女也②，將往參拜伊勢神宮云③。老者陪伴至此關口。

①「今日」，指芭蕉一行抵市振之日，據《隨行日記》，應為七月十二日（陽曆八月二十六日）。「親不知子不知、犬戾、駒返」，均為今町（直江津）至市振間沿岸危險路段。按《細道》行程，先犬戾，後駒返與親不知子不知。「犬戾」又名「赤岩難所」，在今上越市鄉津，芭蕉一行已於十一日安然經過。「駒返」在青海町歌（宇多）村東約一公里處。《東遊記》（一七九五）云：「此處即使無風，波浪恆打山腳，難闢徑路，故在絕壁岩上鑿出小道，便人行走。間距雖短，而馬難行，故曰駒返。」「親不知子不知」位於駒返與市振之間，最為艱險。《菅菰抄》：「一面為斷崖絕壁，其下險灘，人往來其間。浪峰來時，隱身岩石後；波濤退時，則出而急奔。波浪來去匆匆，間隔轉瞬即逝，急奔之餘，無暇顧其親，無心念其子，故有此名。」

②「新潟」，今新潟市。芭蕉一行於七月二日（陽曆八月十六日）在此住一宿。當時為日本海岸重要港都。元祿（一六八八—一七〇三）前後約五十年為其黃金時代。元祿十年入港船舶多達三千五百艘，來自四十餘國（藩），繁榮超過酒田。其「遊女町」亦頗負盛名。三輪長泰撰《改正越後國全圖》：「出入港口之物，有米穀綿油並木材薪鹽魚之類，其他所運

忽聞前方
隔間房內
傳來少婦
二人之聲
偶亦夾一老者隨
聲應和聽其言
乃越後國新潟
之遊女也
同一家裡也有遊
女睡着月伴
萩花

女子邊寫書札、囑咐口信，託其明日攜回故鄉，邊嘆生命之虛幻：「棄身白浪拍打之海濱，猶漁夫之子墮入此世」④；夜夜露水姻緣，日日孽海無邊，不知前世業因⑤，有多深重耶？」聞其傾訴，昏昏入眠。翌晨行將就道，卻來向我輩云：「旅途迢迢，不知何去何從，憂心忡忡，悲苦無極。敢不即不離，追隨在後。祈望師父法衣垂憐，大慈大悲，以結佛緣⑥。」言詞懇切，潸然

貨色甚多。船客旅館七十餘家。……娼家大小上下不勝枚舉。」在日本，「遊女」指娼妓。江戶時代官娼（合法）與私娼（非法）並存。遊女町通稱「遊廓」，又稱「色里」，即花街柳巷或今之所謂風化區也。

③「伊勢神宮」，《菅菰抄》：「內宮天照皇太神，在宇治郡御裳濯川上。外宮豐受皇太神，在度會郡山田原。」案：內外宮均在今三重縣伊勢市轄內。《奧のほそ道解》：「越後習俗，庶民百姓一生無不參拜神宮。其中，有村之老人參宮至七八次者，身固貧賤，而在其鄉里則坐上座，古例國俗云。」案：元祿二年（一六八九）九月有伊勢每二十一年一次之「遷座」儀式，故參宮者或較往年為多。關於神宮「遷座」，請詳〈四四、大垣〉注⑫。

④海人詠：「白浪海濱寄此生，漁人之子無定宿」（白浪の　寄する汀に　世をすぐす　海人の子なれば　宿も定めず）（《和漢朗詠集》遊女）。

⑤「業因」，佛家語，謂造成善惡果報之原因。《成實論・九》：「又世間人自知萬物從業因生，故起稼穡等業，亦為施戒忍等諸福德業。」鎌倉後期《撰集抄》〈江口遊女之事〉條：「心憐旅客短暫之情，明知虛幻一場，孽緣深重；如此去此塵世，來世將如何？恐亦不免前生遊女之宿業也。」謠曲《江口》：「我等偶亦接待難於接待之人，生為罪業深重之身，尤其淪為河竹流之女。前世果報，思之愴然。」案：「河竹流之女」喻漂浮不定之娼妓。

⑥芭蕉與曾良皆穿黑色僧衣，遊女誤以為出家和尚，故有求其慈悲垂憐，以結佛緣之語。

⑦「加護」，謂神佛加意保護眾生也。亦即天佑、神助。《法苑珠林》：「得成此加護方便。」《最勝王經・八》：「由諸天加護，得作於國王。」謠曲〈班女〉：「此身不知何處去，只願此心合乎誠實之道，縱不祈禱，神亦守之。」

涙下。情固可憫，但不得不婉謝之曰：「我輩往往處處停留。祇須隨在行人之後，路上必有神明加護⑦，可保無恙。」言畢動身，然哀憐之心，久久難寧。

同一家裡
也有遊女睡著
月伴萩花⑧

告之曾良，錄下此句⑨。

⑧原文：「一家に　遊女もねたり　萩と月」一般認為此句應在陸奥行腳三、四年後，撰寫《細道》時之所作。和歌中有詠萩、月、露，而以萩花喻女子者。如《後拾遺集・秋上》所載新左衛門〈詠睡萩沾露〉：「夜幕初垂萩入睡，同枝不覺露華濃」（まだ宵に　寝たる萩かな　同じえにやがておきゐる　露もこそあれ）。又如中納言女王〈詠同題〉：「秋萩心事人不覺，睡時凝露滿花容」（人知れず　ものをや思ふ　秋萩の　寝たるがほにて　露ぞこぼるる）或《風雅集・秋中》所收權大納言實尹〈詠月前萩〉：「真萩原上夜漸闌，月照繁露數不清」（真萩原　夜ふかく月に　みがかれて　おき添ふ露の　數ぞ隠れぬ）。

⑨在曾良《隨行日記》與〈俳諧書留〉等文獻中，不見有關「市振遊女」與「此句」之記錄。

三四、那古

渡過人稱黑部四十八瀨之無數川流①，至名曰那古之浦②。遙想擔籠藤浪③，雖非陽春，應有初秋情趣④。詢之於人，則勸曰：「此去磯岸五里，入彼山陰，僅有漁戶簡陋茅屋，恐無借住一宿之處。」聞之卻步，乃直入加賀國⑤。

---

①《隨行日記》七月十三日（陽曆八月二十七日）：「離市振。……〔越〕中、〔越〕後以河為界，渡之入越中。……至入善，無馬。雇人提行李。渡黑部川。」黑部川在市振西南約二十四公里；發源於越中、飛驒、信濃（今富山、岐阜、長野三縣）三國交界之鷲羽岳，北流越中東部而入日本海。「四十八瀨」指黑部川三角洲，水路無數，分流入海，或曰「八十八瀨」。《菅菰抄》：「上游有相本橋，亦名刎橋。是為幹道。四十八瀨為下游沿海近路。……河床寬可一里半。」案：「相本」亦作「愛本」或「合本」（均讀あいもと）。「刎橋」（はねばし），《和漢三才圖會》：「有橋（名相本橋），長三十五六丈，幅二丈許。以大木組架，棧橋也。」芭蕉一行走沿海近路，除無馬可租與「暑氣甚」外，當日順利抵達滑川。

②據《隨行日記》，芭蕉於七月十四日申刻抵那古。「那古」亦作「奈吳」或單字「和」（均讀なご），今富山縣新湊市堀岡町海岸一帶。《萬葉集》以來之古歌枕。奈良歌人大伴家持（？—七八五）〈天平二十年正月二十九日〉之一：「蕭蕭起東風，奈吳水灩瀲。划過小漁舟，若隱忽又現」（あゆの風　いたく吹くらし　奈吳の海人の　釣する小舟　漕ぎ隱

早稻飄香
撥開向前右方
是有磯海⑥

る見ゆ）又〈同題〉之二：「奈吳江口上，港風送寒來。群鶴喚偶唳，聲聲最可哀」（港風　寒く吹くらし　奈吳の江に　妻呼び交し　鶴騒ぐなり）（《萬葉集》卷十七）。

③「擔籠」，今富山縣氷見市下田子附近。又書作「多古」、「多胡」、「多祜」、「多枯」、「多湖」等（均讀たご）。《菅菰抄》：「海邊氷見町之北，布施湖畔。今已成田。」有藤浪神社。「藤浪」謂藤花。藤花盛開時，望去，迎風起伏如波浪也。歌枕。柿本人麻呂（三十六歌仙之一，生卒年不詳）：「多祜浦水底，映出藤花香。無緣親見者，看我頭上妝」（多祜の浦の　底さへ匂ふ　藤波を　かざして行かむ　見ぬ人のため）（《拾遺和歌集》夏）。案：藤，蔓生木本，種類頗多，色澤不一，有紫藤、白藤等。

④雖然春季已逝，無花可賞，但初秋觀藤，亦當另有情趣也。

⑤「加賀國」，北陸道七國之一，亦稱「加州」。前田家（一百二十萬石）封地。今石川縣內。

⑥原文：「わせの香や　分入右は　有磯海」「早稻」謂早熟稻作，初秋七月為其收割季節，正值芭蕉過訪之時。「有磯海」指富山灣伏木港澀谿崎往西至氷見一帶之海域。歌枕。《菅菰抄》：「有磯海有二義。一書『荒磯海』，怒海之普通名詞。或書『有裙』，越中射水郡之勝地也。」案：古歌多書作「荒磯」，後來改用「有磯」，終於成為固有名詞。大伴家持〈三月三十日依興作〉：「浪打澀谿亂石岸，陣陣頻催思古情」（澀谿の崎の荒磯に　寄する波　いやしくしくに　いにしへ思ほゆ）（《萬葉集》卷十七）。又案：查《隨行日記》，芭蕉於七月十四日（陽曆八月二十八日）放棄擔籠之行，當日即由放生津逕往高岡，住一宿；翌日，離高岡赴金澤。其路線幾與海岸背道而馳，故當其在早稻飄香中，實際撥開穗浪前行時，歌枕有磯海只能憑思古之幽情，在古歌中想像之矣。

三五、金澤

越卯花山①、倶利伽羅谷②，抵金澤，則七月中旬之五日也③。有往來大坂之商人何處在焉④，乃至其旅舍同宿。有名一笑者⑤，寄意俳諧之道，名聲漸聞於世，俳友亦眾，去冬英年早逝。其兄為之舉行追善句會⑥。

---

①「卯花山」，今屬富山縣西礪波郡小矢部市。《菅菰抄》：「卯花山乃倶利伽羅山（或書栗柄山）之延續。在礪波郡礪波山之東。或曰源氏峰。木曾〔源〕義仲（一一五四—一一八四）之陣地也。義仲二妾巴、葵（俗呼山吹女）之墓亦在附近。卯花山，名勝也。」古歌枕。柿本人麻呂〈夏雜歌〉：「卯花山上雨紛霏，杜鵑猶唱不如歸」（かくばかり　雨の降らくに　ほととぎす　卯の花山に　なほか鳴くらむ）（《萬葉集》卷十）。

②「倶利伽羅谷」，今富山縣小矢部市與石川縣津幡町間倶利伽羅山（海拔二七七公尺）之谷地。古戰場。據傳，壽永二年（一一八三）五月，木曾義仲以火牛陣（以火把綁在牛角上）衝陷平家營，大挫平維盛（一一五七—一一八四）軍勢。事見《源平盛衰記》卷二十九〈礪波山合戰〉條。

③《隨行日記》七月十五日（陽曆八月二十九日）：「離高岡，拜埴生八幡。源氏山，卯花山也。觀倶利伽羅。未之中刻，抵金澤。」「金澤」，即〈三二、越後路〉章所提之「加賀府城」。今石川縣金澤市，時為加賀守前田綱紀（一二五萬五千石）之城下町。案：七月十五日是盂蘭盆會之日。

④「何處」，遠藤曰人編《蕉門諸生全傳》（成於文政年間，一八一八—

墓也顫動
聽我哭聲悲切
秋風瑟瑟⑦

應某草庵之邀

初秋轉涼
人人幫廚削皮
胡瓜茄子⑧

途中吟

陽光灼灼
殘暑餘威無情
秋風徐來⑨

於小松

名稱可愛

一八二九）：「大坂人。享保十六辛亥（一七三一）六月十一日卒。葬光明山念佛寺。」其作品散見於《猿蓑》、《卯辰集》等重要選集。在一笑追善會《西雲》集中，有其悼句。此外，又參加八吟追悼歌仙（乙州、撇松、雲口、一志、德紫、一泉、何處、句空），與三吟追悼歌仙（撇松、乙州、何處）。

⑤「一笑」，小杉氏，通稱茶屋新七（一六五三－一六八八）。金澤茶商。自小寄意俳諧，作品見於貞門、談林系諸集。尚白編《孤松》（貞享四年一六八七刊）收其所作一九四句。儼然金澤俳壇後起之秀。惜於元祿元年十二月（一說十一月）去世，享年三十六歲。

⑥「其兄」指「丿松」，迎芭蕉為其弟一笑辦追善會。「追善」謂祈願亡者冥福，追慕其善德、善事、善行也。亦指為死者追福供養之佛事。《隨行日記》七月二十二日：「此日一笑追善會。於〈願念〉寺舉行。」事後，丿松編一笑追善集《西雲》（一六九一刊），有序云：「人自遠近來集，列席，吟追悼二十餘句以終。」卷首收芭蕉、曾良、古翁、雲甫、句空、秋之坊等二十八句。

⑦原文：「塚も動け　我泣声は　秋の風」此句見於〈俳諧書留〉，題「一笑追善」。歐陽修〈秋聲賦〉：「其意蕭條，山川寂寥。故其為聲也，淒淒切切，呼號憤發。……人為動物，惟物之靈。百憂感其心，萬事勞其形。有動於中，必搖其精。」白居易〈寄劉蘇州〉：「何堪老淚交流日，多是秋風搖落時。」王安石〈思王逢原〉：「蓬蒿今日想紛披，塚上秋風又一吹。」

⑧原文：「秋涼し　手毎にむけや　瓜茄子」《隨行日記》七月二十日：「一泉宴於其庵。俳。有一折。」又《西雲》所收此句（初稿），題「松玄庵閑會即興」，可知句題之「某草庵」，當指齋藤一泉家之松玄庵。據金澤俳人闌更所編《花之故事》（一七六三刊），此句為「於少幻庵」十三吟半歌仙（芭蕉、一泉、左任、丿松、竹意、語子、雲口、乙州、如

秋風吹過小松
芒草萩花⑩

柳、北枝、曾良、流志、浪聲）之發句。案：初稿上五・中七作「殘暑しばし 手毎にれうれ」（殘暑依然，人各幫作料理）。又「少幻庵」與「松玄庵」讀音同（しようげん），應是同庵同名之異寫。

⑨原文：「あかあかと 日は難面も あきの風」此句當是自金澤前往小松路上之作。又見於數種懷紙真跡及選集中，且各附有前言或小序，但內容不盡相同。例如：「沿北海磯灘而行，砂焦如火烤，水熱逾湧湯。旅懷傷神。不知空中秋意，已來幾日也。」又如：「悠悠客思，無以慰之。愁人秋季，終竟來臨。古歌所詠，果然只聞其聲，不見其影，誠可悲也，而殘暑猶不去。」（土芳編，《蕉翁文集》等收）。阮籍〈詠懷詩〉：「灼灼西頹日，餘光照我衣。」杜甫〈江漢〉：「落日心猶壯，秋風病欲蘇。」平安前期歌人藤原敏行（？—九〇一）》〈立秋日詠〉：「秋來不見秋身影，秋風淒切聲驚人」（秋來ぬと 目にはさやかに 見えねども 風の音にぞ おどろかれぬる）（《古今集》卷四秋上）。鎌倉前期歌人藤原定家（一一六二—一二四一）〈詠旅歌〉：「秋風吹翻旅人袖，夕陽寂寞照山橋」（旅人の 袖吹かへす 秋風に 夕日さびしき 山のかけはし）（《新古今集》羈旅）。

⑩原文：「しほらしき 名や小松吹く 萩すゝき」「小松」，今石川縣小松市，金澤西南八里（約三二公里）。此句見於曾良〈俳諧書留〉，題「七月廿五日小松山王會」。查《隨行日記》二十五日（陽曆九月八日）：「訪山王（日吉神社）神官藤村伊豆宅。有〔俳〕會。」據眉山編《草のあるじ》（一七九二刊）、佛兮編《俳諧一葉集》（一八二七刊）等集所錄，當日俳會係「十吟世吉」。〈於小松〉句即其發句。案：「十吟」是芭蕉、鼓蟾（藤村伊豆）、北枝、斧卜、塵生、志格、夕市、致益、觀生、曾良。「世吉」（よよし）謂四十四句連句，百韻而略去二折與三折者。句中「小松」，語意雙關，既指地名小松，亦指當地所種「可愛」小松樹也。

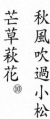

三六、小松

詣此地多太神社①。有實盛之頭盔與織錦袍碎片②，蓋往昔臣屬源氏時，為義朝公所賜者③。誠非平常武士穿戴之物。護目至護耳④，刻菊唐草模樣⑤，而鑲之以金；盔頂雕以龍頭⑥，豎以鍬形翹角⑦。恭讀緣起，謂實盛陣亡之後，

①原文作「太田神社」，亦有書作「多田」者，當以「多太」為是（讀ただ），通稱「多太八幡宮」。在今小松市上本折町內。當時為加賀國能美郡總社，今為石川縣縣社。所祭主神為應神天皇，並配祀神代以來重要之祖神及武功顯赫之歷代天皇。其地位僅次於奉祀天照大神之伊勢神宮。《隨行日記》七月二十五日（陽曆九月八日）：「詣多田八幡。瞻仰真盛之甲冑、木曾願書。」

②「實盛」，原文作「真盛」，亦作「實守」，訓同音（さねもり），但一般多作「實盛」。指齋藤別當實盛（？—一一八三）。藤原氏。生於越前國。傳因任武藏國武庫莊園別當，移居長井（今琦玉縣大里郡妻沼町）。初仕源義朝（一一二三—一一六〇）。義朝滅亡後，改仕平宗盛（一一四七—一一八五）。壽永二年（一一八三）六月迎戰木曾義仲於加賀國篠原（今石川縣加賀市篠原町），為義仲部屬手塚太郎光盛所殺。享年七十三（一說六十四）。事見軍記物語《平家物語》卷七（〈篠原合戰〉、〈實盛臨終〉條），或謠曲〈實盛〉等。

「頭盔」，原文作「甲」。《菅菰抄》：「甲當用冑字、兜字等。甲謂鎧。和俗甲冑二字顛倒用之久矣。」積非成是，芭蕉亦沿用之。據《菅菰

木曾義仲有願文⑧，並附此遺物，遺樋口次郎奉獻於此社云⑨。往事歷歷，若在眼前。

嗚呼慘哉
盔下千古遺恨
蝨斯嗚兮⑩

抄附錄》引〈木曾義仲副書〉云：「茲利仁將軍之末葉實盛，乃越前國之賢君子也。文思武威，炫輝一世。先是義朝贈以鏤菊甲（胄）以褒美之。當此時，義朝守國日淺，賊徒蜂起。實盛輒戴所受甲，殺精銳之兵七千餘人以報恩。」案：此實盛頭盔仍藏多太神社，昭和二十五年（一九五〇）指定為日本「重要文化財」。

「錦緞」指織錦直垂。直垂（ひたたれ），方領、無徽、無帶、有袖孔、有胸紐之武將戰袍。依《細道》所述，此一錦緞直垂似亦「為義朝公所賜者」，但注釋者據其他史料，多以為平宗盛所賜。《平家物語》（卷七）謂在「篠原合戰」前，實盛自分必死，而顧己原是北國出生，故有「衣錦返鄉」之願。平宗盛哀之，乃准其著錦緞直垂上陣。《源平盛衰記》（卷三十）則謂宗盛感動之餘，即取出其密藏直垂賜予實盛。《菅菰抄》：「錦帛者，宗盛賜予真盛赤地錦直衣（當書作「直垂」）之碎片也。義仲所奉納者原為完整直衣，不知何時切成片段。今僅剩縱二尺，橫一尺許。織紋白底蔥綠雜金，有雲紋、鳥紋。」

③「義朝公」，源義朝。鎌倉幕府首代征夷大將軍源賴朝及其弟義經之父。保元之亂（一一五六），夥同平清盛（一一一八—一一八一）支持後白河天皇，夜襲崇德上皇於白河北殿。因功敘白馬頭。其後，因不滿平清盛之獨攬大權，乃結合藤原信賴（一一三三—一一五九）起平治之亂（一一五九），事敗，奔尾張國，為長田莊司忠致所殺。享年三十八。

④「護目」，原文「目庇」（まびさし），附在盔兜前以保護前額之金屬，亦作「眉庇」。「護耳」，原文作「吹返」（ふきかへし），在護目左右如兩耳而向後彎曲之附件。

⑤「菊唐草模樣」，在繪畫、織物或雕刻上，表現蔓草交互捲曲蜿蜒之形，謂之「唐草」，而配之以菊花或菊葉圖案者，則謂之「菊唐草模樣」。

⑥江戶中期儒官新井白石（一六五七—一七二五）所著《本朝軍器考》云：「龍頭冑者，後三年之役（一〇八六）時，八幡殿始造八龍冑。保元時，

義朝所戴龍頭冑，即此物也。」

⑦「鍬形」，新井《本朝軍器考》：「鍬形者，取澤瀉之葉尚未全開之形也。澤瀉亦名將軍草，故又有以澤瀉編綴鎧甲之說。」案：「澤瀉」又名慈姑、水芋、三角剪。多年生草本。長於水田或濕地。葉根生，具長柄，葉片箭形，先端尖銳翹上，如鍬狀。

⑧「木曾義仲」，即源義仲。久壽二年（一一五五），其父源義賢在武藏國為源義平所殺。時義仲未滿兩歲，幸獲畠山重能庇護，乃依乳母之夫中原兼遠赴信濃國，在木曾山中長大成人，因稱木曾次郎，又號木曾冠者。治承四年（一一八〇）呼應源賴朝舉兵討伐平家；壽永二年（一一八三）五月大破平維盛於俱利伽羅谷。揮軍入京後，拜征夷大將軍。然旋即與源賴朝反目，壽永三年正月，在近江國粟津原為源範賴（？—一一九三）、義經兄弟所殺。享年三十一歲。

《菅菰抄附錄》所載〈加州小松八幡宮寶物緣起〉云：「壽永二年五月，木曾義仲卿攻上北陸道之際，大戰平家軍於越中礪波，而後又戰平家殘軍於該國篠原之濱。其時義仲卿參詣本社祈禱，捐獻蝶屋莊為社領。……實盛終為手塚所殺。義仲卿幼時，於京都承實盛撫養。故雖為敵人，不忘感恩戴德，乃將其甲冑，並錦緞直垂，又義仲鏑矢一支、願書一通（大夫坊覺明執筆），奉納本社。」案：「願書」即願文。《細道》作「願狀」，在此指義仲有求於神佛，祈願旗開得勝也。

⑨「樋口次郎」，名兼光（？—一一八四），木曾四天王之一。實盛舊交。壽永二年，破平維盛軍於礪波山；三年，攻略河內國石川城。木曾義仲敗死後，降源氏，伏誅朱雀門。案：篠原之役，兼光奉義仲之命，檢視並確認實盛首級，洗其染黑之白髮，為之悲慟落淚。事見《平家物語》（卷七）或謠曲〈實盛〉等。

⑩原文：「むざんやな　甲の下の　きりぎりす」《隨行日記》七月二十七日：「有奉納八幡之句。真盛之句也。予、北枝隨之。」北枝編《卯辰

集》云：「詣多田神社，拜觀木曾義仲願書及實盛之甲冑。三句。」除芭蕉此句外，並錄曾良與北枝「隨之」之句。曾良：「幾度秋風　消不了頭盔上　鬢邊霜雪」（幾秋か　甲にきえぬ　鬢の霜）北枝：「護腿依然珍奇難得一見　在秋風裡」（くさずりの　うら珍しや　秋の風）案：芭蕉之句，上五「むざんやな」，初稿作「あなむざんや」，明顯襲用《平家物語》（卷七）與謠曲〈實盛〉之講唱說白而來。而中七・下五「甲の下の　きりぎりす」之直譯「盔下蝨斯」，僅得四字，茲據《細道》文脈，加字譯之。

三七、那谷寺

往山中溫泉途中①，背顧白根嶽前行②。左側山邊有觀音堂③。花山法皇巡禮三十三所之後④，安置大慈大悲法像於此⑤，命名曰那谷。蓋取那智、谷汲各一字拼成⑥。奇石嶙峋，古松並植，巖上懸築茅頂小堂，誠殊勝之地也。

①《隨行日記》七月二十七日（陽曆九月十日）：「同晚，申之下刻抵山中。宿泉屋久米之助處。」「山中溫泉」，加賀國江沼郡黑笠莊山中村（今石川縣江沼郡山中町）之溫泉。

②「白根嶽」，指橫亙加賀、飛驒（今石川、岐阜兩縣）國境之「白山」，與富士山、立山同為日本三大名山。最高峰御前岳海拔二七〇二公尺。唯自小松經那谷往山中行程，白山應在東南，即左前方，與《細道》所述「背顧」不合。案：據《隨行日記》，芭蕉於八月五日（陽曆九月十八日），由山中折返小松，途中往拜那谷寺，在路上可遙望白山於右方。或於八日離小松南下吉崎時，則可遠眺白山於左方。注家以為芭蕉所記，恐係出於來回印象之混淆。「白山」為古歌枕。凡河內躬恆，平安前期歌人：「越路瑞雪融不盡，白山因雪揚其名」（消え果つる　時しなければ　越路なる　白山の名は　雪にぞありける）（《古今集》羈旅）。

③「觀音堂」指那谷寺。真言宗。在今小松市那谷町內。岩山洞窟中安置千手觀音菩薩，設堂其前，曰大悲閣。養老元年（七一七）泰澄大師（六八二—七六七）開基，號自生山巖谷寺。相傳寬和年間（九八五—九八七），花山法皇（九六八—一〇〇八）巡幸當地，改稱那谷寺云。天

石山濯濯
岩石白潔如洗
秋風更白⑦

正年間（一五七三—一五九二）屢遭兵燹，諸堂燒毀殆盡。至寬永十七年（一六四〇），加賀藩主前田利常（一五九三—一六八五）重建之（詳《那谷寺誌》）。古來著名觀音道場。其奇岩怪石，天造地設，更是一絕。

④「花山法皇」，第六十五代天皇。永觀二年（九八四）即位，在位僅兩載，於寬和二年（九八六）讓位，潛往東山花山寺（元慶寺）剃髮。法號入覺，時十九歲。案：日本僧侶，依《法華經》所載觀音菩薩為普渡眾生，一身化成三十三體故事，自平安末期始，有巡禮三十三所觀音寺院之習。其巡禮次第大致是：始自第一所紀伊國那智山青岸渡寺，經和泉、河內、大和、山城、近江、攝津、播磨、丹後、丹波，終於第三十三所美濃國谷汲山華嚴寺，共十一國之觀音靈場。所謂「西國三十三所」是也。《和漢三才圖會》：「相傳花山法皇以有靈夢，長德元年（九九五）三月十七日始詣熊野；六月朔日至谷汲。以此為巡禮之權輿。按法皇巡禮之事，不載史傳。」

⑤「大慈大悲法像」指觀世音菩薩。《那谷寺誌》：「那谷寺係元正天皇養老元年（七一七）越智泰澄大師所開闢。大師嘗得大慈大悲菩薩靈告，卜地於此，以為法輪常轉之處；自作千手大士像，命冶工鑄之，安置巖窟中。又割除葛藟，造七堂三門、坊舍等數間，始稱自生山巖谷寺。」而於花山法皇則云：「納隨身三國傳來閻浮檀金如意輪觀音。」與《細道》所言，不盡相符。

⑥《那谷寺誌》謂花山法皇，於「寬弘五年（一〇〇八），遂入本國。……乃溯流物色，……林巒幽邃，風物清秀，深愜叡慮，顧謂近從曰：真天僊之窟宅，實神靈之棲遲也。朕所期三十三處，都在此山。豈須外覓哉。敕改號那谷寺，蓋取西國三十三番之首紀伊那智，與其尾美濃谷汲之頭字而成。」案：「那智」（なち），指天台宗那智山青岸渡寺，本尊如意輪觀音。在今和歌山縣東牟婁郡那智勝浦町。「谷汲」，《細道》作「谷

組」，同音當字（たにぐみ），指天台宗谷汲山華嚴寺，本尊十一面觀音。在今岐阜縣揖斐那谷汲村。「那谷」讀「なた」。

⑦原文：「石山の　石より白し　秋の風」句意直譯：「秋風白於石山石」唐徐堅等撰《初學記・歲時》引梁元帝《纂要》云：「秋曰白藏，亦曰收成，亦曰三秋、九秋、素秋、素商、高商。」李賀〈將發詩〉：「秋白遙遙空，日滿門前路。」秋風又稱「素風」，王良會〈和武相公中秋夜西蜀錦樓望月得清字詩〉：「令行秋氣爽，樂感素風輕。」

三八、山中溫泉

浴溫泉。聞其靈效僅次於有間①。

山中好湯
免折菊花延壽
泉自飄香②

居停主人名久米之助，仍一

①「溫泉」指「山中溫泉」。句空編《干網集》（一七〇四）：「加州江沼郡黑笠莊山中村之溫泉，天平年間（七二九—七四九），泉州（和泉國）菅原寺行基菩薩見有紫雲掛北方空中，乃下尋，自敷地（菅生石）天神山望見此地，來而覗之，有溫泉湧出。即闢湯池，名曰紫雲湯。且囑雕藥師像，高九寸，置之湯屋二樓。……今醫王寺也。」「有間」，俗作「有馬」（ありま）。一本作「有明」（ありあけ），誤。指攝津國有馬溫泉，在今兵庫縣神戶市北區有馬町。《有馬名所鑑》：「吾邦六十餘國，所有溫湯中，尤以此溫湯最負盛名。」至於「山中溫泉」，芭蕉〈真跡懷紙〉云：「浴於加州山中湧湯。里人曰：扶桑有三名湯，此其一也。」

②原文：「山中や　菊はたおらぬ　湯の匂」菊可已疾益壽。《西京雜記》：「菊花舒時，並採莖葉，雜黍米釀之。至來年九月九日始熟，就飲焉。故謂之菊花酒。」又名長壽酒。晉干寶《搜神記》卷二〈戚夫人侍兒賈沛蘭〉條，亦有類似記載。李時珍《本草綱目》：「其苗可蔬，葉可啜，花可餌，根實可藥，囊之可枕，釀之可飲。自本至末，罔不有功。」案：菊花並非日本原產，但至平安初期，有關菊花諸多療效功德故事，似已廣為人所樂道。紀納言長谷雄（八四五—九一二）〈九日侍宴觀賜群臣

少年也③。其父雅好俳諧④。往昔，洛人貞室年少時，曾來此地，忍其風雅之辱⑤；歸洛，入貞德之門⑥，終揚名於世。聞其成名後，在此一村，不收判詞費⑦。如今已成故事矣。

曾良罹腹疾，伊勢國長島有其親友⑧，乃先往投之。臨行留句云：

行而又行
萬一路邊倒下
也在萩原⑨

菊花應制〉：「凡菊之為功，其驗大矣。跋扈於百藥之首，誇張於五穀之精。飡落英者養其生，飲滋液者卻其老。故谷水洗花，汲下流而得上壽者，三十餘家；地脈和味，餐日精而駐年顏者，五百箇歲。」前（注①）所引〈真跡懷紙〉繼云：「屢屢入浴，果然皮肉滋潤，滲通筋骨，心神鬆爽，頗有紅顏永駐之感。彼桃源之客失其舟，慈童忘折菊枝。」案：「慈童」折菊故事，出自《太平記》卷十三〈龍馬進奏事〉與謠曲〈菊慈童〉。大意謂周穆王侍童慈童，因犯忌而遭貶至南陽酈縣山中，飲菊葉露水而得長生不老。魏文帝時，遣使訪尋靈水，巧遇慈童，已八百歲（謠曲作七百年）矣。芭蕉此句旨在稱讚山中溫泉之功效，足以媲美或甚至勝於菊露靈水，故不必再煩折取延壽菊也。

③「久米之助」（一六七六—一七五一），山中溫泉客棧泉屋甚左衛門之幼名。芭蕉來訪時，年纔十四，即入其門，俳號「桃夭」。後來改署桃葉、桃蜂。晚號桃枝翁或桃枝齋。

④「其父」，久米之助之父，名「又兵衛豐連」（？—一六七九），又名武矩。

⑤「洛」即京都。「貞室」指貞門俳人安原貞室（一六一〇—一六七三），名正章。通稱鎰屋彥左衛門。別號一囊軒、腐誹子。京都人。自幼出入松永貞德之門；四十二歲（一六五一）取得俳諧點業資格。貞德死後，改其俳號正章為貞室，並自稱貞德二世。編著有《俳諧之注》、《正章千句》、《玉海集》等。曾良〈俳諧書留〉（「元祿二年七月廿九日書之」）：「貞室，年紀尚輕，名左衛門時，入加州山中溫泉。宿泉屋。主人又兵衛請作俳諧。恥而甚悔之。歸京始習，過一兩年，即成名家。……以後山中俳會，不收點料。又兵衛者，今久米之助祖父也。」據此則予貞室以「風雅之辱」者，當是久米之助之祖父「又兵衛景連」，非《細道》所言「其父」（又兵衛豐連）也。祖父景連歿於寬文七年（一六六七），就兩人年齡與交往時間而言，似較合理。

曾良羅腹疾
伊勢國長
島有其
親友乃先
往投〻行而又
行萬一路邊倒下
也在萩原曾良
去者〻悲留者〻憾
如隻鳧別後迷失於
雲端而今而後拭去
同行誓詞笠上凝露

曾良

去者之悲，留者之憾，如隻梟別後迷失於雲端⑩。余亦有句：

而今而後
拭去同行誓詞
笠上凝露⑪

⑥「貞德」，松本貞德（一五七一—一六五三），名勝熊，別號長頭丸、逍遊軒、明心居士、花咲翁等。京都人。貞門俳諧之始祖。著有《俳諧御傘》、《新增犬筑波集》、《紅梅千句》等。

⑦「此一村」指山中溫泉所在之山中村。「判詞費」（原文作判詞料）即前（注⑤）引〈俳諧書留〉所提之「點料」。案：由一門宗匠或有「點業」資格之「點者」，評點和歌或俳句之優劣，並寫短評或作特殊記號，謂之「判詞」；「料」即費用之「費」，類似漢語之潤筆。江戶俳壇中稍具聲譽之俳人頗有以此營生者。據《滑稽太平記》，貞門宗匠貞德評點百韻一卷，需費白銀一兩。

⑧閱《隨行日記》，自七月十七日（陽曆九月三十一日）起，即屢見曾良生病喫藥之記錄。渠於八月五日（陽曆九月十八日）告別芭蕉，離開山中，獨自前往「伊勢國長島」，即今三重縣桑名郡長島町。當時為松平佐渡守忠充（一萬石）之城下町。又據《隨行日記》所記曾良行蹤，在長島期間曾兩訪大智院院主；且與該藩家老（家臣之長）、藩醫、藩士互有往來，可知確「有其親友」，並非純為陌生客。此或可間接證實曾良於入蕉門之前，曾出仕長島藩之說。一說大智院院主（住持）為曾良親屬長輩（如伯叔之類），然無確證。

⑨原文：「行きゆきて　たふれ伏とも　萩の原」〈古詩十九首〉：「行行重行行，與君生別離。……道路阻且長，會面安可知。」西行法師：「何處倒下來，長眠永不寤；愴然切中懷，路邊草上露」（いずくにか　眠りねぶりて　たふれ伏さんと　思ふ悲しき　道芝の露）（《山家集》）。案：曾良之句，上五原作「いずくにか」（何處？），又中七倒臥等意象，顯然蹈襲西行之歌而來。而芭蕉於撰寫《細道》時，又改上五為「行きゆきて」（行行重行行），更增別離之悲。

⑩傳〈蘇武別李陵詩〉：「雙梟俱北飛，一梟獨南翔。子當留斯館，我當歸故鄉。……」（《藝文類聚・別下》，卷二十九）。《蒙求》〈李陵初

詩〉條、《源平盛衰記》卷八〈漢朝蘇武事〉條，亦各轉載此詩。芭蕉引「一凫」改為「隻凫」，蓋有意析一「雙」為兩「隻」，以強調各自分飛但或有重合（為雙）之意也。潘岳〈悼亡詩〉：「如彼翰林鳥，雙棲一朝隻。」案：古注多襲《菅菰抄》之說，以為此首蘇武詩出《漢書・蘇武傳》或《昭明文選》。但二書均不見該詩。芭蕉所引蓋出自《蒙求》等類書者也。

⑪原文：「今日よりや　書付消さん　笠の露」此句初稿，上五作「さびしげに」（衷心寂寞）。「同行誓詞」，原文「書付」（かきつけ）。在日本佛教界，兩人結伴行腳或巡禮時（如單獨出巡，則想像與佛同行），依慣例在各人斗笠上，書寫「乾坤無住同行二人」，即所謂「書付」。和歌、連歌或俳諧中「露」之意象，除喻人生無常之外，亦常以喻淚水。故此句中七下五，謂既然此後各奔前程，「同行」之誓可免矣，當以「笠上之凝露」含淚拭之，以示其離情之悲切也。

三九、全昌寺

宿大聖持城外全昌寺①，猶加賀之地也。曾良昨夜亦宿於此，且留一句：

終宵不寐
忍教秋風蕭瑟
響遍後山②

①「大聖持」，《菅菰抄》：「大聖持當書大聖寺（だいしやうじ），原為寺名，今為地名（俗或書大正寺）。」今石川縣加賀市大聖寺，距山中溫泉西北約八公里。寬永十七年（一六四〇）起，成為前田飛驒守利名（七萬石）之城下町。「全昌寺」為位於大聖寺南郊之寺院。曹洞宗。大聖寺城主山口玄蕃頭宗永及山中溫泉泉屋之菩提寺。案：所謂「菩提寺」，謂一家所皈依並置有家墓之寺院。傳當時住持月印和尚為久米之助之伯父。

②原文：「終宵　秋風聞や　うらの山」杜甫〈夜〉：「露下天高秋氣清，空山獨夜旅魂驚。」蘇軾〈次韻王鞏上元見寄詩〉：「過眼繁華真一夢，終宵寂寞未應愁。」劉禹錫〈秋風引〉：「何處秋風至，蕭蕭送雁群。朝來入庭樹，孤客最先聞。」

③芭蕉似頗偏愛「千里」一詞，應是熟讀漢詩之結果。傳李陵〈別詩〉：「浮雲日千里，安知我心悲。」（《蒙求・李陵初詩》）。蘇軾〈潁州初別子由二首〉之二：「近別不改容，遠別涕霑胸。咫尺不相見，實與千里同。」日本室町後期歌謠集《閑吟集》（一五一八）：「千里も遠からず 逢はねば咫尺も千里よなう」（千里不遠，不逢咫尺亦千里）顯然蹈襲蘇軾之詩句。

一夜之隔，彷彿千里③。余亦邊聽秋風，臥眾寮中④。天色欲曙，誦經聲甫歇，鐘板響起⑤，即入食堂。今日將趕往越前國⑥，倉促下堂階。年輕僧眾，攜紙抱硯，追至階下。恰見庭中枯柳，乃吟一句：

告辭離寺
原應灑掃庭除
柳葉凋零⑦

即興之作，腳穿草鞋，行色匆匆，書而與之。

④「眾寮」，禪宗寺院中，修行僧起居、自修、飲食之處。
⑤「鐘板」當是「雲板」之誤。一作「雲版」。樂器名。以青銅鑄成雲狀扁片，兩端作雲頭形。舊時官署用以報時、聚眾。禪寺亦用之，掛於庫裡與齋堂，以報起床、坐禪，粥飯或聚會。
⑥「越前國」，舊國名，北陸道七國之一。今福井縣。
⑦原文：「庭掃て 出ばや寺に 散柳」依禪寺常規，掛單或借宿之僧侶俗客，離寺前須整理臥處，灑掃庭院，謂之「作務」。芭蕉一宿之後，急於趕赴越前國，無暇「作務」，故以此句表示歉意與謝忱耳。

倉促下堂階
年輕僧眾
攜紙
抱硯
追至階下
恰見庭中
枯柳
乃吟
一句
告辭
離寺原
應灑掃庭除
柳葉凋零

四〇、汐越松、天龍寺、永平寺

至越前國境，乘舟渡吉崎灣①，尋訪汐越松②。

狂風嘯竟夜，
鼓浪勢洶洶，
濺濕岸上樹，
月掛汐越松。

西行③

①「吉崎灣」，今之北潟湖。吉崎原為跨越加賀、越前國境之漁村，今福井縣坂井郡金津町吉崎。有蓮如上人（一四一五—一四九九）遺跡、一向宗（淨土真宗）道場。今有東本願寺別院（東御坊）、西本願寺別院（西御坊）。《菅菰抄》：「吉崎里西為海灣，北曰竹浦，南曰蓮浦，皆名勝也。」

②「汐越松」，吉崎對岸濱坂（今福井縣坂井郡蘆原町濱坂）汐越神社一帶之松林。《菅菰抄》：「西渡此灣至濱坂。再經汐越村，行砂地五六町。有高丘，上平而廣，多古松。其下驚濤拍岸，岩隙間處處亦有松樹。枝葉可愛。此地松樹統稱汐越松。非止一株。今高浪依然沖洗松根，誠罕見之勝景也。」

③此歌原文：「終宵　嵐に波を　はこばせて　月をたれたる　汐越の松」《菅菰抄》：「此歌世人多以為西行所詠。〔蕉〕翁亦據傳聞記之歟。然西行《山家集》及其他歌集並無此歌。因處處搜尋，知係蓮如上人之詠，其宗派之徒皆言如此。」據禿氏祐詳編《蓮如上人御文全集》，此歌乃〈於吉崎〉四首之一，疑作於文明七年（一四七五）。

④《莊子・駢拇》：「駢於足者連無用之肉也；枝於手者樹無用之指也。」

汐越松諸景，盡在此歌中矣。欲加一詞，則如樹無用之指也④。

丸岡天龍寺長老⑤，係舊識，故造訪之。又，金澤有俳名北枝者⑥，謂且伴一程，卻陪至此處⑦。而每過勝跡，則必搜腸苦吟，偶聞情趣盎然之句。今將別去。

　書以離情
忍將扇子撕裂

⑤「丸岡」，今福井縣坂井郡丸岡町。唯「天龍寺」不在丸岡，而在「松岡」，今福井縣吉田郡松岡町，當時為松平中務大輔昌盛（五萬石）之城下町。「丸岡」當是「松岡」之誤。松岡在丸岡之南約六公里，福井之東約八公里。天龍寺，曹洞宗，山號清涼山。藩主松平家之菩提寺，寺祿兩百石。「長老」，禪宗寺院住持之稱呼。據〈清涼山指南書〉，芭蕉來訪時，該寺長老是曾任江戶品川天龍寺長老之大夢和尚。

⑥「北枝」，本名立花次郎右衛門，或稱土井氏。通稱研屋源四郎（？－一七一八）。別號鳥翠台、壽夭軒。加賀國小松人。後全家移居金澤，以研磨刀劍為業。一生寄意俳諧，原屬談林派。元祿二年，與其兄牧童改入蕉門，終成加賀蕉門之中心人物。所編《卯辰集》（一六九一）為北陸蕉門俳書之嚆矢。有「北方逸士」、「蕉門十哲」之稱。

⑦「此處」指松岡。據《隨行日記》，北枝於七月二十一日（陽曆九月四日）在金澤初詣芭蕉，即入其門。其後隨侍在側，面聆教益，長達約二十日，直至松岡天龍寺始別。其間，在金澤、小松、山中多次參與歌仙或句會。傳乙也、也同編《山中問答》、可大編《山中考》等書，即北枝隨侍時所錄芭蕉之言，含有不少芭蕉俳論之重要資料。

⑧原文：「物書て　扇引さく　余波哉」北枝《卯辰集》云：「在松岡辭別蕉翁時，承贈墨寶扇面。」後附錄此句初稿：「もの書て　扇子へぎ分る　別哉」（書以離情　忍將扇子掰開　悲哉別矣）並附北枝脇句：「惜別強一笑　冒向霧裡行」（笑ふて霧に　きほひ出ばや）案：中國有「秋扇見捐」故事，喻失寵。漢班婕妤〈怨歌行〉：「……裁為合歡扇，團團似明月。……常恐秋節至，涼風奪炎熱。棄捐篋笥中，恩情中道絕。」芭蕉顯然用此「秋扇」典故，而捨其「失寵」之原喻，改為「秋扇贈別」之意。師生或親友之別，悲則悲矣，而各書離情別意之句於摺扇之上，撕之而各持其半（北枝持芭蕉之發句，芭蕉持北枝之脇句），既是恩誼之見證，亦或有破扇重合之日也。

不勝依依⑧

入山約五十町⑨，禮拜永平寺⑩。道元禪師之所創也⑪。傳其避邦畿千里⑫，遺弘法之跡於此山陰者，乃經深思遠慮，非無因也⑬。

⑨指松岡天龍寺至永平寺之距離，約五十町（五．五公里）。

⑩「永平寺」，在今福井縣吉田郡永平寺町。山號吉祥山。曹洞宗。道元禪師開山。初稱大佛寺，寬元四年（一二四六）改稱永平寺。寺祿兩百四十石。境內老杉蒼鬱、幽邃閑雅，誠淨地也。

⑪「道元禪師」，永平道元（一二〇〇—一二五二），日本曹洞宗始祖。京都人。十三歲出家，修天台學於比叡山。貞應元年（一二二三）入宋，從如淨禪師習曹洞禪。嘉祿三年（一二二七）歸國後開興聖寺於京都深草。寬元二年（一二四四）應越前藩主波多野義重之招，為新建大佛寺開堂。後嵯峨天皇（在位一二四二—一二四六）曾賜號弘法禪師，並賜以紫衣，然終生不著，亦不稱其號。建長五年圓寂，年五十四。所著有《正法眼藏》、《學道用心集》等書。

⑫「邦畿」，古時天子直轄之地。亦稱京畿、畿內。《周禮．秋官》：「邦畿方千里。」《詩．商頌．玄鳥》：「邦畿千里，維民所止。」謂「避邦畿千里」者，遠離京師之地也。

⑬《菅菰抄》：「相傳，其始有賜寺地於京師之議，〔道元〕禪師曰：『若建寺堂於繁華之地，則至末世，僧徒或恐有墮入塵俗者。』固辭之。終建之於越前。」竹內壽庵《越前國名勝志》（一八〇六）引〈某記〉云：「雖有諸國十餘處來邀〔道元〕和尚，唯以無大地伽藍之望，終不為所動。越前太守波多野義重屢請之，和尚因其宋師如淨禪師為震旦越州（今浙江省）人，今方聞越州之名，但覺彷彿拜謁恩師。……總之，以越州為有望之國，乃下越前，草創一精舍於吉田郡志比莊。此山不異震旦天童山，寂寞深谷、自然佳境、誠佛法興隆之吉祥靈地也。即名之吉祥山。」

四一、福井

福井去此三里許①，晚餐後出門，日暮路闇，舉步維艱。此地有名等栽者②，古道隱士也。已忘何年，曾來江戶相訪。當遠在十餘年前矣。不知其老境如何，或已逝世。詢之於人，則謂今尚健在，且告以居處。市區僻巷中③，有小

①「福井」，今福井市。當時為松平兵部大輔昌親（二十五萬石）之城下町。舊名北莊，寬永元年（一六二四）改稱福井。「去此」之「此」，當指「天龍寺」；距福井三里（約十二公里）。案：據推測，芭蕉於禮拜永平寺後，返回天龍寺過夜。翌日，八月十一日（陽曆九月二十四日）赴福井，在等栽家住兩宿。

②「等栽」，生卒年不詳。正名「洞哉」（とうさい）。或書「等哉」、「等載」，均同音當字。

③「市區」乃「大隱」所住。王康琚〈反招隱詩〉：「小隱隱陵藪，大隱隱朝市。伯夷竄首陽，老聃伏柱史。」白居易〈中隱詩〉：「大隱住朝市，小隱住丘樊。不如作中隱，隨月有俸錢。」

④「葫蘆」，日名「夕顏」，《細道》作「夕貌」（ゆふがほ）。攀緣草本，花單性，白色。黃昏開花，清晨合瓣。瓠果大，中間狹隘，下大上小。嫩時可食，老熟後其皮木質化，可作容器，以盛水或酒。劈半為水杓。「絲瓜」，一年生蔓性植物。以捲鬚纏捲他物。夏秋間開花。果實長大，圓柱形，供食用。老熟後成網狀纖維，可為洗刷用具。

⑤「雞冠花」，日名「雞頭」（けいとう），一年生草本。莖帶紅色。夏秋

市區僻巷中有小陋屋想必在此即叩門有一婦人衣衫襤褸知是等哉

陋屋，葫蘆、絲瓜④，蔓延其上；雞冠花、帚木⑤，茂密遮戶。想必在此，即叩門。有一婦人，衣衫襤褸，出應曰：「何方有道師父，家主人刻在附近某人家。如有事，請往尋之。」知是等栽之妻。唯有古代物語中，始有如此風趣⑥。依其言，尋得等栽。宿其家二夜，即辭行上路，欲賞名月於敦賀港也⑦。等栽自願伴隨嚮導，興高采烈，撩起下襬，狀甚滑稽。

間花軸頂生，上緣扁化，成雞冠狀，有紅、黃、白等色。「帚木」（ははきぎ），「帚草」（ほうきぐさ）」之古名。藜科一年生草本，高約一公尺。夏開穗狀黃綠色小花，葉細長，可食用。莖枝多杈，曬乾後，可作掃帚。

⑥《源氏物語・夕顏》中，夕顏與光源氏在某荒蕪宅院歡度一宵之後，因受源氏另一情人六條夫人之怨靈作祟而死。「燭光一照，祇見方才夢中所見女人幻影，又閃現枕邊，瞬即消失。唯有古代物語中，始能聽到如此怪事；雖說絕無僅有，但不覺毛骨悚然。」芭蕉「唯有古代物語中」云云，當係蹈襲此段寫法而來。

⑦日人稱仲秋之月為「名月」。《和漢三才圖會》：「八月十五夜，名月。」「敦賀」，今福井縣敦賀市。北陸第一港口。《菅菰抄》：「敦賀原書角鹿。相傳崇神天皇六十五年（紀元前三三）任那國人來。其人額上有角。至越前笥飯浦居三年，故其處名曰角鹿。今書敦賀。笥飯今作氣比。海則名氣比海。」歌枕。佚名：「敦賀浦上只思我，山野歸路定不迷」（我をのみ　思ふ敦賀の　浦ならば　歸る野山は　まどはざらまし）（《類字名所和歌集》）。

四二、敦賀

白根嶽逐漸隱沒①，比那嶽繼而浮現②。渡淺水橋③，見玉江之蘆已抽穗矣④。過鶯關⑤，越湯尾嶺，至燧城⑥。聞初雁於歸山⑦。十四日黃昏⑧，投宿敦賀港。

是夜，天晴月明。「明宵亦將如斯其晴乎？」主人答曰：

①「白根嶽」，即「白山」，已見〈三七、那谷寺〉（詳注②）。

②「比那嶽」，又書「雛嶽」或「日永嶽」，均訓「ひながだけ」；今稱「日野山」。在福井與敦賀之間，武生市東南約五公里。海拔七九五公尺。山上有日永岳神社，祀飯綱權現。《越前鯖江志》：「鯖江眺望，雛岳為最。」案：「鯖江」，在今福井縣東，福井市南。

③「淺水橋」，今福井市西南約七公里，足羽郡麻生津村之淺水川橋。「淺水」或作「淺生」、「朝津」，讀「あさむづ」。歌枕。佚名：「悄然欲渡朝津橋，轟隆聲裡感寂寥」（朝むずの　橋は忍びて　渡れども　とどろとどろと　鳴るぞわびしき）（《夫木和歌抄》）。

④「玉江」（たまえ），一說，指流經福井市花堂町之小河。但其確實地點，則眾說紛紜迄無定論。古歌枕。例如源重之（？—一〇〇〇），平安中期歌人：「夏刈玉江葦，群鳥來相陪。亂踩不成束，啼向空中飛」（夏刈りの　玉江の蘆を　踏みしだき　群れゐる鳥の　立つ空ぞなき）（《後拾遺和歌集》夏）。

⑤「鶯關」（うぐひすのせき），《菅菰抄》：「鶯關，即名勝關原也。……今民俗誤為關鼻。在府中與湯尾之間，有茶店。」傳今福井縣南

「越路常言道，明夜陰晴更難測⑨。」殷勤勸酒。夜詣氣比明神，仲哀天皇之御廟也⑩。境內莊嚴肅穆，明月松間照，映現殿前白砂，恍如秋霜一片⑪。主人云：「往昔遊行二世上人⑫，發大悲願，躬親割除蘆葦，搬運土石，填乾泥沼，免除參拜往來之勞⑬。古例今不絕，歷代遊行上人，例皆搬砂獻於神前，謂之遊行搬砂⑭。」

條郡南條町鯖波之北，有古「關原」村，但芭蕉經過時已無古關之跡。歌枕。宗祇：「鶯鳴婉轉頻駐足，欲度關原舉步難」（鶯の　鳴きつる聲にしきられて　行もやられぬ　關の原かな）（《名所方角鈔》引）。

⑥「湯尾嶺」，今福井縣南條郡湯尾與今莊間之山嶺。「燧城」（ひうちがじやう），或書作「火打城」，位於湯尾嶺東南之城砦。古戰場。《源平盛衰記》（卷二八）云：「〔木曾義仲〕佈陣柚尾（湯尾）嶺，構城於燧。」又云：「木曾據守燧城。此城南以荒乳中山為界，在虎杖崩、能美山、近江湖之北，連接鹽津、朝妻之濱。北則與柚尾坂、藤勝寺、淵谷、木邊嶺為一。東自還山（歸山）之麓，遙與長山重疊，以至越之白峰。西接海路新道木津浦、三國港灣。山海遠繞，遙望越路，磐石高聳，連四方峰嶺，誠北路道城郭第一也。」

⑦「歸山」（かへるやま），或書「還山」，今福井縣南條郡今莊町附近。曾良於八月九日（陽曆九月二十二日）經過此地。《隨行日記》該日條云：「入谷間。右火打城，行約十町，左有歸山。其下村落曰歸。未刻抵敦賀。」歌枕。「初雁」，謂秋季初見自北南飛之雁。《禮・月令》：「仲秋之月，……鴻雁來。」藤原家隆（一一五八—一二三七），鎌倉前期歌人：「秋滿歸山有所憶，雲天飛雁今相逢」（歸る山　いつはた秋と思ひこし　雲井の雁も　今やあひ見む）（《續後拾遺集》秋上）。

⑧「十四日」即陰曆八月十四日（陽曆九月二十七日）。案：日人稱八月十四夜為「待宵」，待十五滿月之前夕也。

⑨江戶儒者貝原益軒（一六三〇—一七一四）所著《日本歲時記》（一六八八）云：「十四日，明夜陰晴難測，故先賞今宵之月。〔宋〕孫明復〈八月十四夜詩〉：『銀漢無聲露暗垂，玉蟾初上欲圓時。清樽素瑟宜先賞，明夜陰晴未可知。』」據尾形仂《評釋》，謂芭蕉在敦賀之寄宿「主人」，即唐人橋之出雲屋彌市郎。

⑩「氣比明神」，《日本賀濃子》：「氣比大明神設於敦賀。當社大明神乃

月明氣清
遊行手搬白砂
澄澈於天⑮

十五日，果如主人所言，降雨。

觀賞名月
無奈北國天候
變幻莫測⑯

仲哀天皇（在位一九二—二〇〇）之垂跡，與石清水同體也。天皇巡幸角鹿（敦賀）時，起行宮，名笥飯宮。神功皇后十三年（二一七），應神太子令拜祭笥比神云。」案：「氣比」、「笥飯」、「笥比」，皆同名異寫。氣比神宮在今敦賀市曙町，所祭神祇有伊奢沙別命、仲哀天皇、神功皇后、日本武尊、應神天皇、豐姬命、武內宿禰命，共七尊。乃北陸道總鎮守，號稱越前國第一神宮。「夜詣」寺社，參拜者可以摒除雜念，而神佛靈驗亦特顯著云。行意：「削山劍峰今猶在，神前凜然氣比宮」（山をきる　つるぎの峰に　殘し置て　神さびにけり　けひの古宮）（《歌枕名寄》引）。

⑪白居易〈江樓夕望招客〉：「風吹大木晴天雨，月照平沙夏夜霜。」

⑫「遊行二世上人」，名真教（一二三七—一三一九），時宗（俗稱遊行宗）鼻祖一遍上人（一二三九—一二八九）之高徒。初入鎮西派弁西之門，稱真教房連阿；繼而師事良忠。建治二年（一二七六）皈依一遍，改稱他阿，奠定時宗教團之基礎。一遍圓寂後，繼承法位，號遊行二世。元應元年圓寂，享年八十三。

⑬他阿真教（遊行二世）於正安三年（一三〇一）再入越前國，詣氣比明神，發動眾人整修參道。據西方寺所藏《二諦日錄》云：「氣比神宮與西方寺門相向，互距約三町。往古，池沼深不見底。池中有黑白毒龍。明神歎之。〔上人〕為安神慮，乃書名號數幅，沉之深泥中，與僧尼共運砂。津浦不分道俗老少貴賤，群舉如市。各爭前後運之，故不數日即成平地。堅於石。大神現形，與上人敕約曰：向後當至他阿影前禮謝之。」案：《細道》敘遊行二世之「大願」，略去「毒龍」傳說，但言割蘆、搬石、填沼之功，可見芭蕉有意避開怪力亂神之談。

⑭「遊行搬砂」：為紀念二世遊行上人事蹟，每代遊行上人在位期間，例需離開時宗本山清淨光寺（俗稱遊行寺。今神奈川縣藤澤市內），前往敦賀灣運砂獻神。《菅菰抄》謂「遊行搬砂」云：「其後代代上人巡迴諸國

時，必來此地，搬運砂石，鋪於神社之前後左右，至今不絕。」案：據考，元祿二年（一六八九）芭蕉來此之前，遊行四十三世尊真上人巡錫敦賀，行「搬砂」之禮。

⑮原文：「月清し　遊行のもてる　砂の上」此句初稿，題〈氣比宮〉：「なみだしくや　遊行のもてる　砂の露」（真跡短冊）。再稿（有前言「氣比宮有遊行上人搬鋪白砂古例」）：「月清し　遊行のもてる　砂の露」（嵐雪編，《其袋》，一六九〇序）。案：初稿、再稿與定稿之中七未變，再稿改上五「なみだしくや」（淚流滿面）為「つききよし」（月明氣清），定稿則改初、再稿之下五「すなのつゆ（砂上之露）」為「すなのうえ」（鋪砂之上）（譯文「澄澈於天」則譯者敷衍句意而來）。

⑯原文：「名月や　北國日和　定なき」此句旨在呼應主人「明夜陰晴更難測」之語。案：日語「名月」專指仲秋之月，漢語「明月」則泛指明亮之月。「名月」不一定是「明月」，故有「中秋雨月」、「雨名月」之稱。

四三、種濱

十六日①，雨霽天晴。欲拾真赭小貝②，乘舟往種濱③。海上七里④。有天屋某某者⑤，預備飯盒、小竹筒等物⑥，細心周到。僮僕多人，同舟出發。順風逐浪，頃刻即至。海濱但見漁民陋屋。有法花寺⑦，狀頗淒涼。入寺內，飲茶煖

①陰曆八月十六日，陽曆九月二十九日，即仲秋之翌日。

②「真赭小貝」，種濱名產，淡紅色或黃褐色雙殼貝。西行法師：「真赭小貝染潮汐，聞道色濱可拾之」（汐染むる　ますほの小貝　拾ふとて　色の濱とは　いふにやあるらむ）（《山家集》下）。

③「種濱」（いろのはま），一作「色濱」，讀音同。敦賀灣西北部海岸，今敦賀市內。

④「海上七里」，實際上僅約兩里。曾良《隨行日記》八月九日條：「租船往色濱，海上四里。」亦不免誇飾。案：《蒙求》所載〈嚴陵去釣〉故事，有「七里灘」、「七里瀨」之名。諺云：「有風七里，無風七十里。」謂順風則速，無風則緩也。芭蕉必熟稔而愛之，故下有「順風逐浪」之語。偶亦有以「七里」入句者。如〈熱田に移る日〉：「鰒釣らん
李陵七里の　浪の雪」（垂釣河豚　李陵七里灘上　浪捲雪花）中七「李陵」當是「子陵」之誤（嚴光，字子陵）。蘇軾〈復次放魚前韻答趙承議陳教授詩〉：「逝將歸修八節灘，又欲往釣七里瀨。」

⑤指敦賀「回船問屋」（駁船運輸業者）天屋五郎右衛門。室氏。俳號水魚，後改稱玄流。

酒⑧，暮色寂然，感觸良深。

寂然寥落
猶勝須磨悲涼
色濱之秋⑨
微波蕩漾
小貝有伴相陪
瓣瓣萩花⑩

是日遊興，囑等栽書其概略，留存於寺⑪。

⑥「飯盒」，原文「破籠」，檜木製多層飯盒。《和漢三才圖會》：「其形或方或圓，中有隔，分盛飯菜。」「小竹筒」用以裝酒。《和漢三才圖會》：「今以竹筒為樽，與和名同訓（棬ささえ）。」

⑦「法花寺」，法華宗（日蓮宗），今稱本隆寺。原名金泉寺，為敦賀曹洞宗永嚴寺分院。應永三三年（一四二六）改屬法華宗。

⑧白居易〈送王十八歸山寄題仙遊寺〉：「曾於太白峰前住，數到仙遊寺裡來。……林間暖酒燒紅葉，石上題詩掃綠苔。」

⑨原文：「寂しさや　須磨にかちたる　浜の秋」「須磨」，今神戶市須磨區。海岸風光明媚，古來名勝之地。《源氏物語・須磨》：「須磨秋風瑟瑟，惱人尤甚。〔居處〕雖離海稍遠，而行平中納言所詠『吹度關山』之海潮聲，則夜夜彷彿近在耳邊，別具一番哀愁情趣，即此地之秋也。」此句中七下五，蓋謂色濱之秋趣，較之須磨，有過之而無不及也。案：「行平」，即在原行平（八一八─八九三），平安前期之官僚、歌人；《伊勢物語》主角業平（八二五─八八〇）之胞兄。

⑩原文：「浪の間や　小貝にまじる　萩の塵」此句原文下五「萩の塵」，謂萩花（胡枝子）謝後，碎瓣落水，雜在塵泥中也。

⑪本隆寺藏等栽（洞哉、等載）所書懷紙云：「觀氣比海景後，轉來色濱，詠真赭小貝，西行上人軼事也。……此次武江芭蕉桃青巡遊諸國，順路來此海濱，受邀乘舟，拾小貝，……彷彿重現上人往事。越前福井洞哉書。……元祿二仲秋。」

四四、大垣

露通亦來港埠相迎①，結伴至美濃國②。騎馬代步，入大垣莊③。曾良亦自伊勢來④，越人亦馳馬至⑤，齊聚如行家⑥。前川子⑦、荊口父子⑧、其他舊雨新知⑨，日夜來訪；若對復甦之人⑩，喜而慰之。旅途困頓，倦意未消，忽已長

①「露通」（ろつう）（一六四九？—一七三八？），應作「路通」，偶作「呂通」，音同。齋部（一作忌部）氏，或以為八十村氏。名伊紀，俗稱與次衛門。美濃人。另有生於京都、筑紫或常陸之說，迄無定論。據大垣藩家臣戶田權大夫（俳號如水）《戶田如水日記》云：「九月四日……有法師名路通者，自能登同道而來，亦初次會面。生於西國。近年遁世隱居於伊豆蛭島，且有文字之才云。年齡當在三拾以下。……路通身穿狹袖綿袍，手掛念珠。其心雖難測，然視人生如浮雲，不諂不奢者也。」案：路通於大垣初見如水時，已逾不惑，不止「三拾」也。傳路通原為三井寺學僧，但放蕩不羈，寧願浪跡行乞，寄情俳諧，人稱「風狂俳人」或「乞食俳人」。貞享二年（一六八五）於大津偶遇芭蕉，即入其門。晚年還俗，定居大阪。卒年九十（？）。編著有《俳諧勸進牒》、〈芭蕉翁行狀記〉等。「港埠」指敦賀港。

②「美濃國」，今岐阜縣南部，東山道諸國之一。

③「大垣莊」，今岐阜縣大垣市，當時為戶田采女正氏定（十萬石）之城下町。「莊」是芭蕉喜用之仿古稱呼，在此相當於城鎮或市街。案：芭蕉入大垣之日期，據〈芭蕉翁月一夜十五句〉路通序：「元祿己巳（二年）中

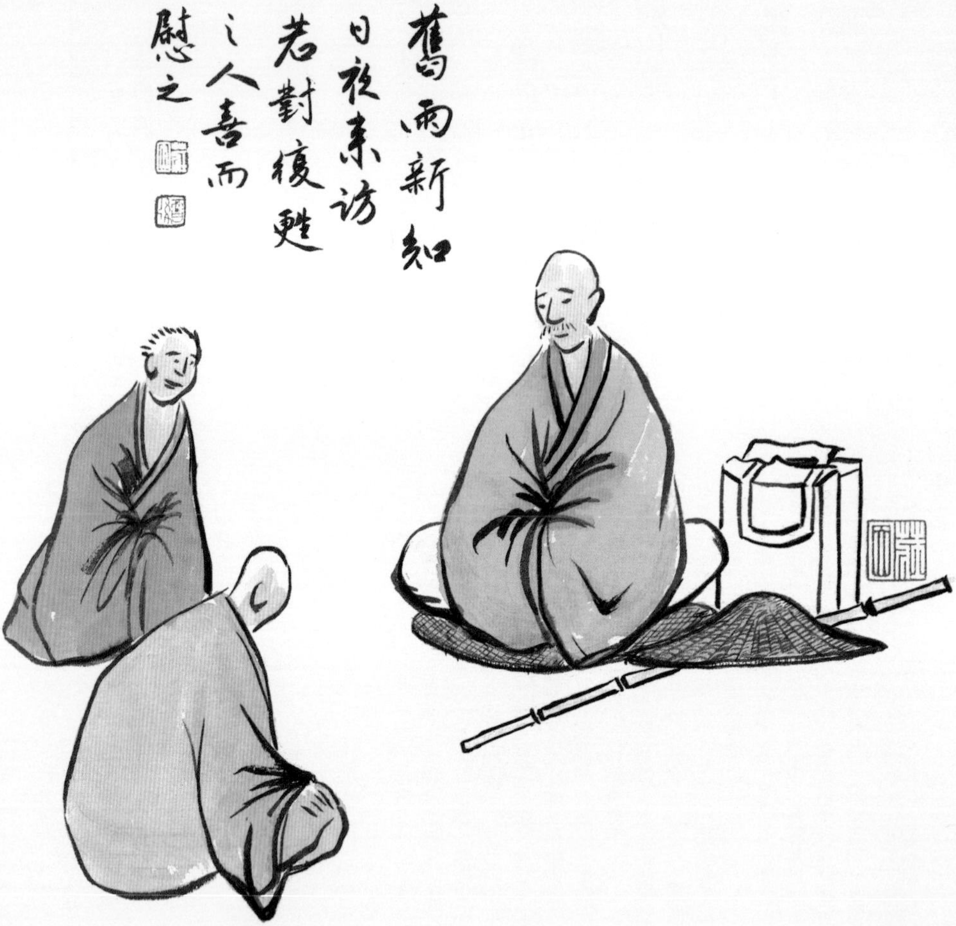
舊雨新知
日夜來訪
若對復甦
之人喜而
慰之

月六日矣⑪。急欲禮拜伊勢遷宮⑫，又乘舟而去⑬。

文蛤殼肉
眼看二見分離
秋將去矣⑭

秋廿一於大垣株瀨川邊。」可知最遲在八月二十一日（陽曆十月四日）或之前。

④此乃呼應《細道》〈三八、山中溫泉〉所述「曾良罹腹疾，伊勢國長島有其親友，乃先往投之。」據《隨行日記》，曾良於九月三日（陽曆十月十五日）：「及夕，抵大垣。」

⑤「越人」（一六五六？—一七三九），北越人。越智氏，名十藏。別號負山子、槿花翁。蕉門十哲之一。延寶（一六七三—一六八一）初移居名古屋，經營染坊。同時與當地俳友杜國、重五等相往來，推展蕉門俳風。貞享五年（一六八八）秋，隨從《更科紀行》之旅，且同至江戶芭蕉庵，逗留二月。越人編《庭竈集》（一七二八）收有芭蕉〈贈越人〉云：「尾張十藏，號越人，越路之人故也。因粟米柴薪之便，隱市中。勤二日則遊二日，勤三日則遊三日。性嗜酒，酒意和暢時，則唱〈平家〉。是我友也。元祿元年冬。」案：〈平家〉即平家琵琶，以琵琶彈唱《平家物語》故事也。越人所撰，尚有《鵲尾冠》、《不貓蛇》等。元文四年（？）去世，享年逾八十歲。此次獲知芭蕉在大垣，不辭路遙，自名古屋馳馬來會。

⑥「如行」（？—一七〇六），近藤氏，名源大夫。大垣藩士。早年致仕，出家為僧，寄情俳諧。貞元元年（一六八四）冬，芭蕉過大垣，經木因推薦，入蕉門。之後多次與芭蕉同座歌仙或連句之會。編有《如行子》及芭蕉歿後追善集《後の旅》等。曾為俳諧「點者」，在大垣俳壇上與木因齊名。

⑦「前川子」，津田氏，名莊兵衛。俳號前川，「子」為敬稱。大垣藩士，任職「詰頭」（值勤室之長）。《細道》之旅之前，在江戶勤務期間，已與芭蕉、曾良訂下俳友之誼。

⑧「荊口父子」，父俳號「荊口」，宮崎氏。諱佳豐，通稱太左衛門。大垣藩士，任「大廣間番」（大廳守衛）。正德二年（一七一二？）歿。長男俳號此筋（一六七三—一七三五），幼名虎之助，後稱宮崎太右衛門，當

文蛤殼肉
眼看二見
分離
秋將去矣

時十七歲。享保二十年歿，享年六十三歲。次男俳號千川，幼名才治郎，後為大垣藩士岡田家養子，改稱岡田治左衛門。寶永三年（一七〇六）歿，享年僅三十餘歲。三男俳號文鳥，幼名與三郎，諱昌逸。後亦為養子，改稱秋山景右衛門。寬保三年（一七四三）歿，享年不詳。

⑨指谷木因、淺井左柳、深田殘香、高岡斜嶺、高岡怒風等大垣俳人。

⑩「復甦」，謂死而復生。此「若對復甦之人」句，與前〈三、草加〉章所言：「竊以為或能幸而生還，乃托虛幻之悲願於未來。」前後遙相呼應。

⑪「長月」，日文陰曆九月之異稱。當年（一六八九）「九月六日」，相當於陽曆十月十八日。《奧義抄》：「夜漸長，故曰夜長月，略曰長月。」

⑫「伊勢遷宮」指伊勢神宮改築遷座儀式。伊勢神宮之構造，白木茅頂，易於腐蝕；故每二十一年必須依樣改建，遷「皇大神之御形於新宮」。北村季吟（一六二四—一七〇五）《伊勢參宮記》：「元祿二（一六八九）年九月十日、十三日，內、外宮〔分別〕遷座。舉世歡騰，爭先往拜之。」同年九月十五日芭蕉致木因信云：「在下亦 參拜遷宮，大感喜悅。……此地江戶才丸、京信德及在下門徒，共約十人，偕往參拜。人山人海，熱鬧喧騰，句會只好作罷。」

⑬《隨行日記》九月六日條：「辰刻出船。木因備餐點。越人送至渡口。如行一人送三里。餞別。申之上刻，抵杉江（長島町內）。」案：木因為大垣船運業者（回船問屋），芭蕉往伊勢之行程，當是木因所安排，且一路奉陪。其實際行程：在大垣市內舟町港乘船，下水門川，出揖斐川，順流至長島。「又乘舟而去」，意謂大垣並非「旅」之終站，而是「人生即旅」之另一起點也。

⑭原文：「蛤の　ふたみにわかれ　行秋ぞ。」「蛤」（はまぐり），文蛤之類，伊勢灣名產。「二見」即二見浦，地名，伊勢灣名勝（今三重縣度會郡二見町）。白砂青松，風景優美，古來伊勢神宮參拜者淨身之處。歌枕。西行上人：「今知二見浦文蛤，可作覆貝遊戲玩」（今ぞ知る　二

見の浦の　蛤を　貝合とて　おほふなりけり）（《夫木和歌抄》卷廿五）。案：歌中之「貝合」（かひあはせ），是一種貝殼遊戲，又名「貝覆」（かひおほひ）。有二式：（一）屬於「賽物」遊戲（物合），分左右兩組，各出珍奇貝殼，互比優劣而定輸贏。（二）將三百六十片貝殼分成「地貝」與「出貝」兩組，先擺出所有地貝，然後以出貝與地貝一一配對成雙，以配對較多一方為勝。（詳喜多村信節《嬉遊笑覽》四下・雜技）。

又案：此句原文中七之「ふた・み」，既是地名「二・見」，又與蛤蜊之「ふた（蓋、殼）・み（身、肉）」，語意雙關；「み」又有「看、見」之意；跨中七與下五之「わかれゆく」，即「離去、別去」。芭蕉以「蛤殼」與「蛤肉」之撕裂，隱喻人間之生離死別，自有不勝悲痛之感。其下五「行く秋ぞ」（秋將去矣），遙應前〈二、啟程〉章附句之上五「行く春や」（春將去也）。以「春將去」始，以「秋將去」終，始終不離季節之推移，且僅言「行」（ゆく）（去），而不言「來」（くる），或有深意在焉。

四五、素龍*跋

閱讀《奧之細道》，或枯淡或優美，或雄壯或哀戚，不覺起而鳴掌拍案，伏而銘諸肺腑。時或妄想披蓑戴笠，追其旅途之蹤跡；偶又安坐家中，以夢遊奇景為已足。百般情景，如鮫人泣淚，綴為珠玉文章。此其旅遊使然耶？抑其器

＊此跋作者素龍（？—一七一六），歌學者、書法家。享年六十一歲，一說五十四歲。本名柏木全故，通稱儀左衛門、藤之丞。原為阿波國（南海道六國之一，今德島縣）藩士，元祿初年成浪人，至大坂，與才麿門俳人昨非交遊。後往江戶。元祿五年（一六九二）冬與芭蕉相識，並受其託繕寫《奧之細道》原稿。其繕寫者至少有兩種，即今傳世之所謂「西村本」與「柿衛本」。素龍並非芭蕉門人，俳諧作品不多。晚年經北村季吟推介，以和歌出仕幕府「老中」（直屬將軍，總理幕府政務之高官）柳澤吉保（一六八五—一七一四）。此跋作於「元祿七年初夏」（陰曆一六九四年四月），而芭蕉於同年十月十二日，客死大坂，享年五十一歲。

識致之歟？有斯人而有斯文，唯弱如扶病，雙眉泛霜，良可悲嘆也。

元祿七年初夏　素龍書

芭蕉年表

年號	干支	西曆	年齡	事項
寛永21	甲申	一六四四	1	誕生。伊賀國上野赤坂（今三重縣上野市赤坂町）松尾與左衛門之次男。幼名金作，通稱甚七郎，名宗房（むねふさ）。傳父屬「無足人」階級（地方農民武士）。兄半左衛門（元祿十四年〔一七〇一〕歿）。另有姊一人，妹三人。
明曆2	丙申	一六五六	13	二月（陰曆，下同），父與左衛門歿。享年不詳。
寛文2	壬寅	一六六二	19	稱忠右衛門宗房。現存最早俳句，題〈二十九日立春〉，見於廣岡忠信編《千宜理記》。俳號採用「宗房」二字而音讀之「そうばう」。今年（或之前），出仕藤堂藩伊賀武士大將藤堂良精（五千石）之嗣子藤堂良忠（俳號蟬吟，當時二十一歲）。職稱不明，當是近侍、陪從之類。

寬文4	甲辰	一六六四	21	松江重賴編《佐夜中山集》（四月刊），入選二句，俳號「松尾宗房」。以後，或用「伊賀上野松尾氏宗房」、「伊賀上野宗房」等。
寬文5	乙巳	一六六五	22	十一月，列席蟬吟主持之松永貞德第十三回忌辰追善百韻俳諧連句。有脇句十八句。列席者皆為伊賀俳人。
寬文6	丙午	一六六六	23	四月，藤堂良忠（蟬吟）病故。致仕。離開藤堂家後，住伊賀，時往京都遊學。內藤風虎編《夜の錦》（十二月刊行），入選至少四句。
寬文7	丁未	一六六七	24	北村湖春編《續山井》中，有發句二十八、脇句三。此後約十年間，見於各種選集之作品漸增。
寬文12	壬子	一六七二	29	一月，將所編伊賀俳人三十番發句，親自附以「判詞」，題曰《貝おほひ》（覆貝），奉納伊賀上野菅原神社；有意以「俳諧師」立身揚名，祈其保佑。春二月，至江戶。此後，其俳諧由「貞門」體轉向「談林」風。

延寶2	甲寅	一六七四	31	京都北村季吟以秘籍《誹諧埋木》傳之；一說，且授以俳諧師「免狀」（執照）。榎木其角（十四歲）入門為弟子。
延寶3	乙卯	一六七五	32	俳號改稱「桃青」。今年（或前後），松倉嵐蘭（二十九歲）、服部嵐雪（二十五歲）入門。
延寶4	丙辰	一六七六	33	六月下旬返鄉。七月初攜猶子桃印（十六歲）至江戶同住。
延寶5	丁巳	一六七七	34	租居小田原町。今後約四年間，偶兼神田水道工事，以助生計。春，主持「萬句興行」，確立其俳諧宗匠地位。
延寶6	戊午	一六七八	35	與信德、信章完成三吟百韻二卷，合去冬三吟百韻一卷為《江戶三吟》，三月中旬刊行。
延寶7	己未	一六七九	36	落髮，自稱「松尾宗房入道」。近年來醉心於《莊子》及李白、杜甫、陶潛等中國詩人。

延寶8	庚申	一六八〇	37	四月，刊行《桃青門弟獨吟廿歌仙》，為杉風、嵐蘭、嵐雪、其角等門徒之獨吟歌仙集。當時桃青一派之俳壇勢力儼然形成。 冬，退出宗匠生活。移居深川一草庵，取名「泊船堂」。此後俳風轉向「わび」（侘），即簡素、閑寂、枯澀之趣。今年前後，與駐錫深川臨川庵之鹿島根本寺住持佛頂和尚結交，並拜為參禪之師。
天和1	辛酉	一六八一	38	春，門人李下贈送芭蕉苗一棵，植之「泊船堂」側。人稱「芭蕉庵」（第一次）。
天和2	壬戌	一六八二	39	三月，大原千春編《武藏曲》刊，始以「芭蕉」為俳號。 十二月，江戶大火，芭蕉庵燒毀。往甲斐都留郡（今山梨縣都留市），依高山傳右衛門（俳號麋塒）。
天和3	癸亥	一六八三	40	五月，自甲斐國返江戶。六月，親母歿於家鄉伊賀上野。 冬，得友人與門生喜捨，重建芭蕉庵（第二次）。

貞享1	甲子	一六八四	41	八月中旬，開始《野曝紀行》之旅，門人苗村千里同行。 九月初抵伊賀上野，逗留數日後，經大和、吉野、山城，於月底至美濃大垣，會谷木因。旋至熱海。 初冬，在名古屋與山本荷兮、岡田野水、坪井杜國等完成「尾張五歌仙」《冬日》（七部集第一），俳壇之「蕉風」於是確立。 向井去來（三十四歲），經其角介紹，入蕉門。 年底，歸故鄉伊賀上野過年。
貞享2	乙丑	一六八五	42	春，往奈良參觀「御水取り」（東大寺汲水儀式），轉至京都、大津，停留月餘。三月中旬訪熱田、鳴海、名古屋等地。各地皆有俳會。四月底，經木曾路與甲州路，返抵江戶，結束始於去年八月之「野曝」行程。 今年，入門者有江左尚白（三十六歲）、三上千那（三十五歲）、越智越人（二十九歲）、河合曾良（三十七歲）等人。

貞享3	丙寅	一六八六	43	一月，與其角等舉行十七歌仙百韻，且對前半五十韻，親加判詞，即所謂《初懷紙評釋》。荷兮編《春日》（七部集第二）刊。 春，傳在芭蕉庵舉行〈蛙合〉二十番；以「古池や 蛙飛びこむ 水の音」（古池塘裡 青蛙忽然跳進 水濺有聲）為發句。
貞享4	丁卯	一六八七	44	春，去來來江戶，訪芭蕉庵。 八月，赴常陸國鹿島賞月，曾良、宗波隨行。有紀行之作《鹿島詣》（又名《鹿島紀行》）。 十月下旬離開芭蕉庵，開始〈笈の小文〉（至翌年四月）之旅。在尾張各地俳席連日。年底，返伊賀上野過年。 今年，志太野坡（二十六歲）等入門。
元祿1	戊辰	一六八八	45	二月初，詣伊賀國阿波新大佛寺，又參拜伊勢神宮。 三月十九日，與萬菊丸（杜國）往吉野賞櫻。繼遊高野山、和歌浦、奈良、大坂、須磨、明石等地。四月下旬，經山崎入京都，結束「笈之小文」旅程。 六月初，自大津經岐阜至尾張，奔走名古屋、熱田、鳴海等地之間，忙於俳諧活動，直至八月上旬。

				八月十一日，赴信濃國更科賞月，越人同行。十五日賞仲秋「名月」於姨捨山。參拜長野善光寺後，經碓水嶺，於月底返抵江戶，結束〈更科紀行〉之旅。
元祿2	己巳	一六八九	46	三月初，出讓芭蕉庵，借住杉風別墅採茶庵。二十七日（陽曆五月十六日），開始奧州、羽州、北陸道行腳，曾良同行。自深川出發，行經日光、白河、松島、平泉、尿前關、尾花澤、出羽三山、酒田、象潟、出雲崎、市振、金澤、福井、敦賀等地，探訪歌枕古蹟，會見地方舊雨新知，時有俳會，吟詠聯誼。八月二十一日（陽曆十月四日）之前抵大垣。此行即《奥之細道》之旅，費時約五月，長達六百日里（約兩千四百公里）。 九月中旬，參拜伊勢神宮。下旬，歸伊賀上野，忙於連句俳會。 十一月末，與路通遊奈良、京都、大津。十二月，至膳所訪菅沼曲翠。一說，在義仲寺無名庵過年。 今年，內藤丈草（二十八歲）、濱田珍碩（晒堂）等入門。為荷兮所編《曠野》（七部集第三）作序。 年來，始倡俳論「不易流行」之說。

元祿3	庚午	一六九〇	47	新年初三，自膳所歸至伊賀上野，與門人俳友唱和。 四月初，入住國分山幻住庵，至七月下旬，弟子支考隨侍。其間，訪客不絕。偶遊京都、膳所、大津。完成〈幻住庵記〉初稿。 六月，珍碩編《葫蘆》（ひさご）（七部集第四，八月刊）。 七月下旬，去幻住庵，移居膳所義仲寺無名庵。九月中，離義仲寺赴堅田。九月末，歸伊賀上野。冬，在大津乙州宅過年。 今年，各務支考（二十六歲）入門。
元祿4	辛未	一六九一	48	一月上旬，離大津歸伊賀上野，停留至三月底。 四月中，往京都，住嵯峨落柿舍，至五月初四；有〈嵯峨日記〉。五月五日後，以京都凡兆宅為落腳處，經常往來於京都、大津、膳所之間，寄心俳諧吟詠。六月下旬，移居膳所義仲寺無名庵。 七月初，去來、凡兆編《猿蓑》（七部集第五）刊，展示元祿俳壇「蕉風」之圓熟境界。

				九月底，自膳所啟程，支考隨行，路經平田、垂井、大垣、名古屋、熱田、新城各地，會見李由、規外、千川、梅人、白雪、如舟等門人。十月末抵江戶。暫居橘町彥右衛門宅，過年。
元祿5	壬申	一六九二	49	二月中，撰〈棲去之辯〉。五月中旬，自橘町移居杉風、曾良、岱水等門人捐築之新芭蕉庵（第三次）。八月中，完成〈移芭蕉詞〉、〈芭蕉庵三日月日記〉等文。森川許六（三十六歲）入門。 九月上旬，珍碩自膳所來，住芭蕉庵，至明年一月底。其間，珍碩、許六編《深川》所收歌仙諸作，顯示追求「かるみ、輕み」（輕妙）俳趣與作風之新傾向。 一兩年來，健康明顯衰退，但無論在何處，或提攜門徒，或以俳會友，日以繼夜，極其忙碌，若無已時。
元祿6	癸酉	一六九三	50	三月下旬，猶子桃印卒於芭蕉庵（三十三歲）。 五月上旬，許六返故鄉彥根。行前，書〈許六離別の詞〉（又題〈柴門の辭〉）與之。 七月中旬起，閉門謝客，作〈閉關之說〉。八月中旬結束閉關。 今年，在忙於俳事之餘，專心《奧之細道》之撰寫與推敲。

元祿7	甲戌	一六九四	51	初夏四月，《奧之細道》素龍謄寫本完成。 五月上旬，啟程歸鄉。經島田、鳴海、名古屋、伊勢等地，月底抵伊賀上野，逗留至閏五月中旬。繼往大津、京都、嵯峨、膳所等地。七月中旬，又返伊賀故里，停留至九月八日。其間，野坡等人所編《炭俵》（七部集第五）刊於六月底；支考主編《續猿蓑》（七部集第七）成於九月初。大展俳諧「輕妙」之趣。 九月九日重陽，至大坂。十日，惡寒頭疼發作。以後，仍日日會晤弟子，抱病列席俳會。二十九日，病情惡化。 十月八日，作〈病中吟〉：「旅に病で夢は枯野をかけ迴る」（病纏羈旅　夢裡枯野遊魂　奔走四方）。十二日歿。十四日，依其遺囑，葬於膳所義仲寺墓園。送葬弟子，包括去來、其角、乙州、支考、丈草、惟然、正秀、木節、呑舟、次郎兵衛等十人。據云，另來上香弔喪者，門生約八十人、一般弔客三百餘人。 其角編《枯尾花》（收〈芭蕉翁終焉記〉等）刊。
元祿8	乙亥	一六九五	歿1	今年，支考編《笈日記》（收支考所寫芭蕉往生〈前後日記〉等）刊。路通撰《芭蕉翁行狀記》（追悼句集，卷首置〈芭蕉翁行狀記〉）刊。

主要參考文獻（年代據初版或改版第一刷）

壹、芭蕉作品及相關研究

1. 杉浦正一郎等校注，《芭蕉文集》〔日本古典文學大系46〕（東京岩波書店，一九五九）。
2. 大谷篤藏等校注，《芭蕉句集》〔日本古典文學大系45〕（東京岩波書店，一九六二）。
3. 井本農一等校注譯，《松尾芭蕉集》〔日本古典文學全集41〕（東京小學館，一九七二）。
4. 日本文學研究資料刊行會編，《芭蕉Ⅰ》（東京有精堂，一九六九）。
5. 久富哲雄監修，《芭蕉研究論稿集成》，全五卷（東京クレス出版，一九九九）。
6. 山本健吉著，《芭蕉——その鑑賞と批評》（東京新潮社，一九五七）。
7. 太田青丘，《芭蕉と杜甫》（東京法政大學出版局，一九六九）。
8. 廣田二郎著，《芭蕉——その詩における傳統と創造》（東京有精堂，一九七六）。
9. 廣末保著，《芭蕉》〈廣末保著作集 第四卷〉（東京影書房，一九九九）。

10.五十嵐義明著，《芭蕉大觀》（東京日本圖書刊行會，二〇〇〇）。

11.飯野哲二編，《芭蕉辭典》（東京東京堂，一九五九）。

12.中村俊定監修，《芭蕉事典》（東京春秋社，一九七八）。

13.今榮藏編，《芭蕉年譜大成》（東京角川書店，一九九四）。

貳、《奧之細道》譯注評釋及專著

1.久富哲雄著，《おくのほそ道全譯注》（東京講談社，一九八〇）。

2.荻原恭男校注，《芭蕉おくのほそ道》，附《曾良旅日記》、〈俳諧書留〉、《奧細道菅菰抄》等（東京岩波書店，一九八二）。

3.安東次男著，《奧の細道私注》（東京岩波書店，一九八三）。

4.尾形仂著，《おくのほそ道評釋》（東京角川書店，二〇〇一）。

5.鄭民欽譯，《奧州小道》（河北教育出版社，二〇〇二）。

6.西村真砂子、久富哲雄編，《奧の細道古註集成1—2》（東京笠間書院，一九九七），收羅現存江戸時代注解之作，包括鴻池村徑《おくのほそ道鈔》、蓑立庵梨一《奧細道菅菰抄》、後素堂《奧のほそ道解》、馬場錦江《奧の細道通解》等，計二十一種，針對文本某

詞某句，依其次序輯錄各書注釋，頗便參考。

7.上野洋三著，《芭蕉自筆『奥の細道』の謎》（東京二見書房，一九九七）。

8.岡本勝著，《『奥の細道』物語》（東京東京堂，一九九八）。

9.金森敦子著，《芭蕉はどんな旅をしたのか——『奥の細道』の經濟・關所・景觀》（東京晶文社，二〇〇〇）。

叁、其他

譯本注釋中所引和歌、漢詩、故實之類為數頗繁，唯均在相關各注中指明出處，故不另列舉原典書目。

聯經經典

奧之細道——芭蕉之奧羽北陸行腳

2011年1月初版
2015年10月初版第四刷

定價：新臺幣380元

著　　者　松尾芭蕉
譯 注 者　鄭　清　茂
繪　　圖　莊　　　因
發 行 人　林　載　爵

出版者	聯經出版事業股份有限公司
地址	台北市基隆路一段180號4樓
編輯部地址	台北市基隆路一段180號4樓
叢書主編電話	(02)87876242轉211
台北聯經書房	台北市新生南路三段94號
電話	(02)23620308
台中分公司	台中市北區崇德路一段198號
暨門市電話	(04)22312023
郵政劃撥帳戶	第0100559-3號
郵撥電話	(02)23620308
印刷者	文聯彩色製版印刷有限公司
總經銷	聯合發行股份有限公司
發行所	新北市新店區寶橋路235巷6弄6號2F
電話	(02)29178022

叢書主編	簡美玉
特約編輯	陳玟伶
內頁組版	翁國鈞
封面設計	江宜蔚

行政院新聞局出版事業登記證局版臺業字第0130號

本書如有缺頁，破損，倒裝請寄回台北聯經書房更換。　ISBN 978-957-08-3743-8 (平裝)
聯經網址 http://www.linkingbooks.com.tw
電子信箱 e-mail:linking@udngroup.com

國家圖書館出版品預行編目資料

奧之細道——芭蕉之奧羽北陸行腳/
松尾芭蕉著．鄭清茂譯注．莊因繪圖．初版．
臺北市．聯經．2011年1月（民100年）．
224面．14.8×21公分（聯經經典）
ISBN 978-957-08-3743-8（平裝）
[2015年10月初版第四刷]

1.旅遊文學 2.日本

731.9 99025875